디지털 분석
구글 애널리틱스 입문

비전공자도 배워서 바로 쓰는

디지털 분석 구글 애널리틱스 입문

디지털 마케팅과 웹 기획 성공 가이드

김진/최정아/김민수 지음

Actionable & Time-Saving Content,
MASO CAMPUS

어제보다 성장하는 사람이 되겠습니다.
그리고, 어제보다 성장하려는 사람을
돕겠습니다.

우리의 가치에 공감할 수 있는 사람과 함께 성장하고 싶습니다.

| CONTACT US | career@masocampus.com |

마소캠퍼스는
실무에 바로 쓰는 콘텐츠를
온/오프라인 실시간 강의, VOD, 도서의 형태로
합리적인 가격에 제공하는
ICT 콘텐츠 그룹입니다.

콘텐츠 제휴 및 기업 교육 문의는

| CONTACT US | biz@masocampus.com |

마소캠퍼스의 Content Map

Digital Marketing College
ROI를 증대시키는
데이터 기반 디지털 마케팅
교육 프로그램

Data Science College
입문부터 전문가 과정까지
체계적인 데이터 분석
교육 프로그램

Actionable Time-Saving Content

업무 생산성을
향상시키는 스마트워크
교육 프로그램

Smart Work College

최신 IT 트렌드를 반영한
Back & Front SW 전문역량
교육 프로그램

IT College

국내 유수의 기업과 대학이 마소캠퍼스와 함께합니다.

https://www.masocampus.com

머리말

시장조사, 기획, 판매, 홍보 등 다양한 의미로 사용되는 단어 '마케팅(marketing)'. 그런데 이 마케팅에는 전략이 필요하다. 한쪽에서 일방적으로 행하는 일이 아니라 상호작용이 이루어지면서 규모가 점차 확장되는 분야이기 때문이다. 따라서 상대방, 즉 고객에 대한 분석과 그에 맞는 전략이 필요하다.

그런데 디지털 마케팅을 하다 보면, 홈페이지 또는 사이트에 방문한 사람들이 어떻게 이곳에 오게 되었는지, 들어와서는 어떻게 행동하고 어디로 움직이는지 등을 눈으로 직접 확인할 수 없어 궁금할 때가 많다. 그 궁금증을 해결해 주는 웹 도구가 바로 '구글 애널리틱스'다. 구글 애널리틱스를 활용하면 제품 출시 초기부터 성공 가능 여부를 파악하여 비용을 최소화하고 판매량을 극대화할 수 있으며, 성공적인 마케팅을 이끌어갈 수 있다.

예를 들어, 한 음식점이 있다고 해 보자. 처음에는 손님이 많지 않을 수 있다. 하지만 여러 손님, 즉 방문자의 성향과 특성을 파악하고, 파악한 입맛에 맞추어 발전을 거듭하다 보면 더 맛있는 음식을 제공할 수 있을 것이다. 이렇게 맛집으로 소문이 퍼지면 점점 음식점의 명성이 알려지고, 누군가 한 번쯤 찾아오고 싶은 음식점이 되기 마련이다. 게다가 몇몇 사람들은 주기적으로 계속 방문하고 싶어질 수 있다. 즉 애널리틱스는 고객의 마음을 들여다볼 수 있는 특별한 기술이라고도 할 수 있겠다. 그러니 디지털 마케팅을 진행하고자 하는 마케터라면 필수로 애널리틱스를 사용하기를 추천한다.

최근 마케팅 및 관리 수단으로 급부상하고 있는 구글 애널리틱스. 만약 처음 보는 단어나 생소한 용어가 나오더라도 의문을 가지거나 당황하지 말기를 바란다. 중요한 용어는 상세히 설명을 해 두었고, 중요하지 않다고 판단된 요소는 과감히 생략하기도 했다. 그러니 용어를 익히려는 생각을 편안히 내려놓고, 차분하게 설명을 따라가다 보면 어느새 구글 애널리틱스의 매력에 빠져들 것이다.

지금까지 일에 파묻혀 정신없이 살아왔는데도 변함없이 옆에서 늘 격려해주고 지원해 주는 내 가족, 그중에서도 찬우와 민준이에게 정말 고맙고 사랑한다는 이야기를 전하고 싶다.

- 한국 송도에서 김 진

목차

머리말   8

CHAPTER 01 구글 애널리틱스 소개   14
    구글 애널리틱스 소개

CHAPTER 02 데이터 분석이란?   22
    소비자 환경 변화 이해하기
    데이터 분석의 요소
    분석을 위한 주요 데이터 유형
    퍼포먼스 마케팅과 데이터 분석

CHAPTER 03 분식 방법론   30
    실질적 성과를 창출하는 분석 프레임워크
    사업 목표와 연계된 적절한 KPI 체계 수립
    디지털 마케팅에서 고려 가능한 KPI
    데이터 분석 실행 모델
    디지털 마케팅 효과 측정 모델
    디지털 마케팅 캠페인 효과 측정 사례분석
    Data-Driven 마케팅을 정착시키기 위한 조직 문화

CHAPTER 04 구글 애널리틱스 생태계의 이해   60
구글 애널리틱스와 관련된 역할들
구글 애널리틱스 아키텍처
구글 애널리틱스 트래킹 코드 추가 방법

CHAPTER 05 구글 애널리틱스 기본 활용   88
데이터 분석에서의 구글 애널리틱스 역할
Core Report를 활용한 기본 분석 진행하기

CHAPTER 06 구글 애널리틱스 실무 적용 전략   118
Configuration 실무 전략

CHAPTER 07 구글 애널리틱스를 활용한 질적 분석   140
질적 분석을 위한 목표 설정(Goal Setup) 진행하기

CHAPTER 08 구글 애널리틱스 주요 Interface 이해하기   162
주요 보고서 활용의 핵심 요소 디멘전(Dimensions)과 메트릭스(Metrics)
구글 애널리틱스 주요 인터페이스 이해하기

CHAPTER 09 디지털 채널 효과분석 ... 188
디지털 채널 효과분석 전략 이해하기
구글 애널리틱스 디지털 캠페인 트래킹
디지털 채널 효과분석 실전 사례

CHAPTER 10 GA4 소개 ... 220
구글 애널리틱스 발전 과정과 GA4의 등장
GA4 핵심 개념 이해하기
GA4의 서비스 적용 여부에 대한 제언

GOOGLE
ANALYTICS

CHAPTER

01

구글 애널리틱스 소개

구글 애널리틱스 소개

구글 애널리틱스 소개

https://analytics.google.com에 접속하면 보이는 사이트가 구글 애널리틱스 사이트이며, 정식 명칭은 구글 애널리틱스 콘솔(Google Analytics Console)이다.

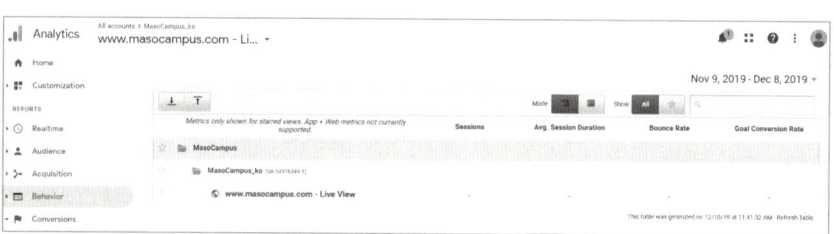

| [도표 1] 구글 애널리틱스 콘솔 화면

　　구글 애널리틱스 활용을 위한 구체적인 셋업 방법은 뒤에서 설명할 예정이니, 우선 지금은 구글 애널리틱스로 활용 가능한 분석 샘플을 살펴보도록 하자.

| [도표 2] 구글 애널리틱스 홈 화면

데이터 분석은 구글이 자동으로 생성해서 보여주는 분석 보고서를 활용할 수 있는 'Reporting' 영역에서 진행할 수 있다.

'Customization' 메뉴는 구글에서 자동으로 제공하는 보고서 이외에 내가 원하는 보고서 형태를 만들어서 사용하려는 하는 경우에 활용할 수 있다.

그리고 관리자로서 여러 가지 셋업을 하거나 구글 애널리틱스를 관리하는 권한을 추가하는 등의 일은 'Admin' 메뉴에서 진행할 수 있다.

'Reporting' 메뉴에서 활용 가능한 주요 보고서는 크게 다섯 가지 유형으로 구분한다.

1 실시간 보고서(Realtime Report)

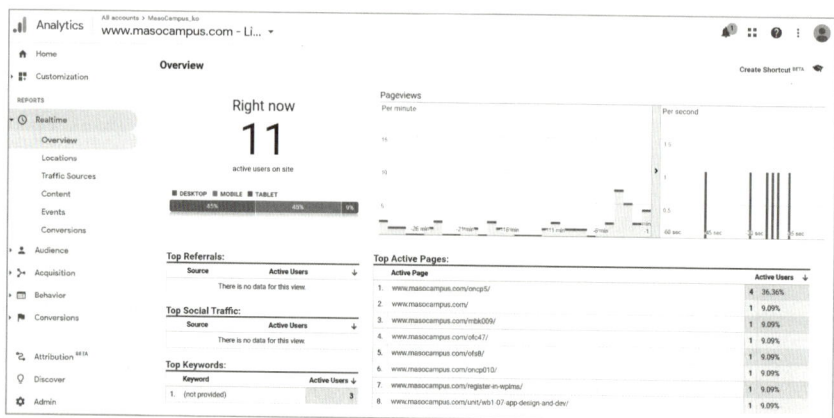

| [도표 3] 구글 애널리틱스 실시간 보고서(Realtime Report) 화면

실시간 보고서(Realtime Report)는 실시간으로 사이트에 접속한 유저들에 대한 정보를 제공하는 보고서로, 실시간 접속 유저들이 사이트에서 어떤 콘텐츠를 어떤 경로를 통해 유입되어 소비하는지에 대한 정보를 제공한다.

2 잠재 고객 보고서(Audience Report)

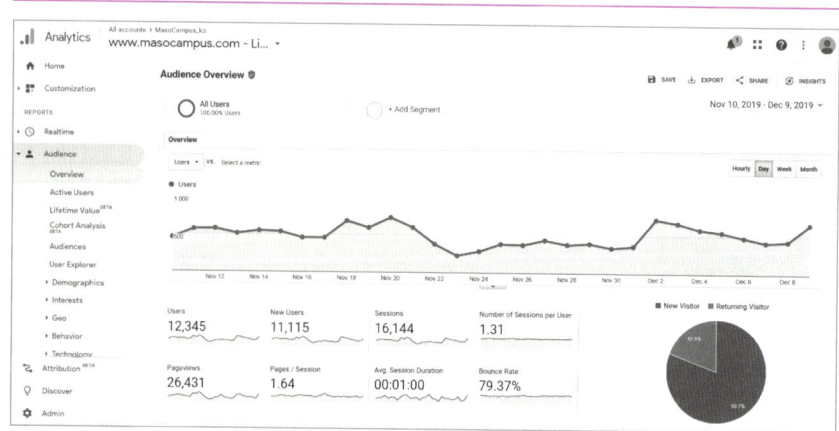

| [도표 4] 구글 애널리틱스 잠재 고객 보고서(Audience Report) 화면

잠재 고객 보고서(Audience Report)는 사이트에 유입된 고객에 대한 상세 정보를 제공하는 보고서로, 잠재 고객의 접속 위치(서울, 부산 등), 브라우저 유형, 모바일 디바이스 및 사이트 서비스 제공 영역(예: 교육, 엔터테인먼트 등)에 대한 경쟁사 대비 벤치마킹 보고서 등을 제공한다.

3 획득 보고서(Acquisition Report)

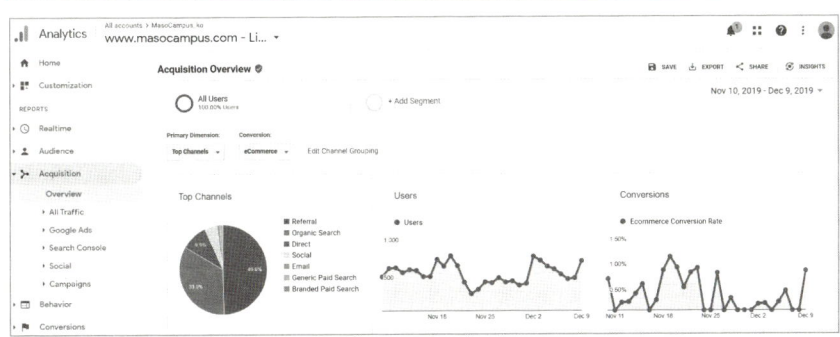

| [도표 5] 구글 애널리틱스 획득 보고서(Acquisition Report) 화면

획득 보고서(Acquisition Report)는 사이트 방문 잠재 고객들이 어떻게 우리 사이트에 유입되었는지에 대한 상세 정보를 제공한다. 예를 들어, 채널 보고서(Channel Report)에서는 우리 사이트에 잠재 고객들이 방문한 경우 '브라우저에 URL을 입력하고 직접 방문했는지', '검색엔진의 유료 키워드 검색을 통해서 방문했는지', '페이스북이나 트위터를 통해서 유입되었는지', '배너광고를 클릭하고 유입되었는지'와 같은 유입 경로에 대한 다양한 정보를 제공한다.

4 방문 형태 보고서(Behavior Report)

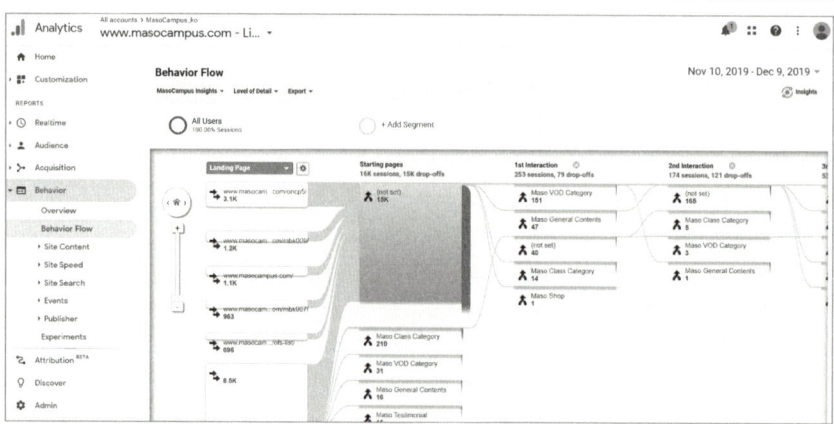

| [도표 6] 구글 애널리틱스 방문 형태 보고서(Behavior Report) 화면

방문 형태 보고서(Behavior Report)는 유입된 유저들이 우리 사이트에서 어떤 콘텐츠 소비 패턴을 보이는지에 대한 정보를 제공한다. 예를 들어, 행동 흐름 보고서(Behavior Flow Report)에서는 구글 검색을 통해 고객이 방문했을 때 사이트 내 콘텐츠를 어떤 방식으로 소비하고 이탈하는지에 대한 정보를 제공한다.

5 전환 보고서(Conversion Report)

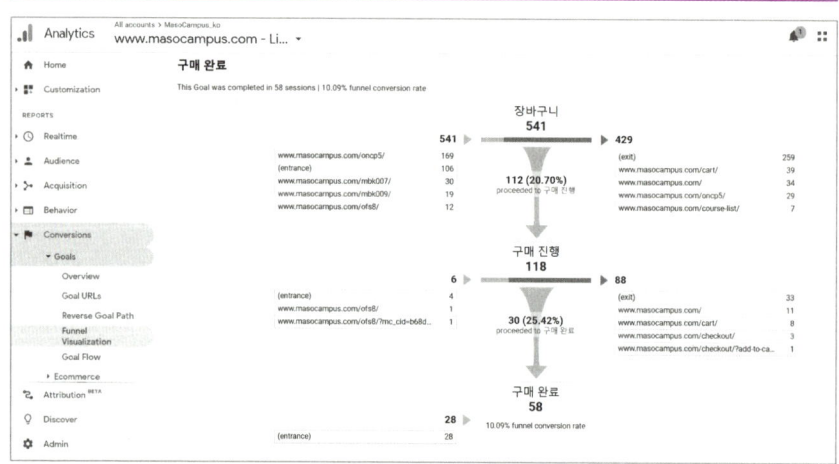

| [도표 7] 구글 애널리틱스 전환 보고서(Conversions Report) 화면

전환 보고서(Conversions Report)는 트래픽과 같은 양적 지표 이외에 사이트 운영에서 가장 중요시되는 KPI를 기준으로 질적 분석 지표를 제공하는 역할을 한다. 예를 들어, 마소캠퍼스의 경우 사이트 운영에서 제일 중요시하는 지표는 '강좌 구매'이며, 이러한 '구매완료'를 기준으로 했을 때 유저들이 어떤 경로를 통해서 장바구니 단계까지 유입되는지, 그리고 구매 진행을 하는 유저 비율이 어느 정도이고, 실제 구매 완료까지 이어지는 비율이 어떻게 되는지와 같은 퍼널 분석(Funnel Analysis) 보고서를 제공한다.

'비전공자도 배워서 바로 쓰는 디지털 분석 구글 애널리틱스 입문'에서는 데이터 분석 방법론을 설명하고, 데이터 분석 방법론을 통해서 성과 분석 프로세스를 어떻게 설계할 수 있는지를 제시하며, 데이터 분석 도구가 전체 프로세스에서 어떤 영역에서 사용가능한지, 실제 구글 애널리틱스라는 도구를 어떻게 셋업해서 분석 업무를 시작할 것인지에 대한 데이터 분석 입문 주제를 다루고자 한다.

GOOGLE
ANALYTICS

CHAPTER

02

데이터 분석이란?

CHAPTER 02
데이터 분석이란?

소비자 환경 변화 이해하기

소비자 환경 변화를 살펴보면, 과거에는 오프라인 마케팅이 가장 중요했다. 여기서 과거라고 해봤자 10~20년 전을 말하며, 그때는 마케팅에서 광고가 가장 중요했다. 즉, 주요 광고 매체로 TV나 신문을 선택하고 광고매체에 적절한 문구나 영상/이미지 Creative를 제작해서 게재하면 그것으로 끝이었다. 경쟁이 치열하지도 않았기 때문에 성과 분석을 매우 철저하게 진행할 필요가 없었고, 성과 분석을 할 수 있는 방법도 많지 않았다.

그런데 현재는 많은 사람들이 오프라인보다 온라인 매체를 더 오랜 시간 사용하며, 디지털 환경에서 보다 많은 시간과 돈을 사용한다. 이에 따라 디지털 마케팅의 성과 측정을 위한 수많은 데이터가 현재도 쌓이고 있으며, 이제 마케터에게 제일 중요한 일은 소비자의 행동 패턴을 분석하는 것이 되었다. 과거에는 소비자의 행동 패턴을 분석하는 일이 많이 까다로웠지만 이제는 디지털 로그를 통해서 소비자의 행동 패턴을 데이터로 분석할 수 있으므로, 데이터를 필요에 맞게 활용할 수 있는 역량이 현재 경쟁 시장에서 이길 수 있는 가장 중요한 역량이 되었다.

데이터 분석의 요소

데이터 분석이란, 수집한 데이터를 기반으로 다양한 디지털 채널(홈페이지, SNS, 블로그 등)을 활용하는 데 있어서, 채널 선정과 같은 최적화 선택과 다양한 비즈니스 의사결정을 할 수 있도록 도와주는 일이라 할 수 있다.

그런데 이러한 노력이 과거에 전혀 없었던 것은 아니다. 과거에도 CRM과 같은 도구를 활용해서 데이터를 기반으로 한 성과를 내려는 노력이 존재했다. 하지만 안타깝게도 대부분 가시적인 성과를 만들어내지 못했다. 그 이유는 무엇일까? 첫째로 분석 도구를 활용해서 실행 가능한 통찰력을 얻어낼 수 있는 역량이 부족했고, 둘째로 의미 있는 인사이트를 얻어냈다고 하더라도 그 인사이트를 기반으로 전략을 짜고 실행할 준비가 되어 있지 못한 경우가 많았기 때문이다.

한마디로 이야기하면, 데이터 분석에서 가장 중요한 투자는 '사람'이라고 정리할 수 있겠다. 누구든지 구글 애널리틱스와 같은 다양한 분석 도구를 활용하면 엄청나게 많은 보고서와 데이터를 조회할 수 있다. 그러나 이러한 데이터 분석 도구의 역할은 데이터를 그대로 보여주는 것까지일 뿐이다. 실제로 의미 있는 결과를 만들어내는 행동, 즉 제시된 데이터를 가지고 어떤 의미가 있는지 분석하고 분석 결과를 실행하는 일은 결국 데이터를 분석하는 사람의 몫이다. 그래서 데이터 분석가를 위한 프로세스가 준비되지 않으면 아무리 데이터 분석 도구에 많은 투자를 한다고 해도 실질적인 성과를 도출하기란 상당히 어려울 수 있다.

피터 드러커는 "어떤 현상을 숫자로 표현하지 못하는 것은 문제를 정확히 알지 못한다는 것이고, 정확히 모른다는 것은 그것을 관리할 수 없으며, 관리할 수 없다는 것은 현재의 상태를 개선할 수 없다"라는 말로 측정의 중요성을 강조했다. 피터 드러커의 말 자체에는 매우 공감이 가지만, 데이터 분석을 실질적으로 진행하기 위한 구체적인 방법을 제시하지는 않는다. 따라서 이 책에서는 데이터 분석의 구체적인 의미와 방법론 등을 제시하고자 한다.

데이터 분석의 주요 요소는 다음과 같이 '측정'과 '분석'으로 구분할 수 있다.

> ▶ 측정 – 어떤 현상을 숫자로 표현해 내는 일

측정이란 어떤 현상을 숫자로 표현해 내는 일이라 할 수 있다. 예를 들어 유저가 웹 사이트를 활용하는 동안 남기는 다양한 방문 활동 내역을 미리 정의한 측정 지표에 따라 방문자의 체류 시간처럼 구체적인 숫자로 표현해 내는 것을 말한다.

> ▶ 분석 – 숫자로 표현된 복잡한 것을 풀어서 개별적인 요소나 성질로 나누어 내는 일

분석이란 숫자로 표현된 내용을 해석해서 의미 있는 인사이트를 도출하는 일을 말한다. 즉, 웹 분석을 통해 다양하고 의미 있는 인사이트를 도출하고, 실질적인 행동 리스트를 만들어서 실행으로 이어지는 일을 가리킨다.

분석을 위한 주요 데이터 유형

데이터 분석을 진행하려면 먼저 데이터 분석의 유형을 이해해 두어야 편리하다. 데이터 유형은 크게 '행동 데이터'와 '행태 데이터'로 구분할 수 있다.

◆ 행동 데이터

행동 데이터란 '방문자가 사이트에서 무엇을 하는지 알려주는 데이터'라고 할 수 있다. 즉 사람들이 사이트에 방문했을 때 어디를 가는지, 어떤 페이지에서 추가 정보를 요청하는지, 유저가 사이트에 어떻게 유입되는지, 아니면 언제, 어떻게, 무엇을 구매하는지와 같은 유저의 구체적인 행동 패턴을 측정하는 데이터를 말하며, 이러한 행동 데이터는 웹 분석 도구 등을 통해 측정 가능하다.

◆ 행태 데이터

행태 데이터는 사람들이 어떤 행동을 왜 하는지 알려주고 분석한 결과를 가리킨다. 예를 들어 고객이 사이트에서 제품을 구매한 경우, 구매했다는 단순한 정보는 행동 데이터에 기반해서 알 수 있지만, 그 고객이 그 제품을 구매한 이유는 어떻게 알 수 있을까? 다시 말하면, A, B, C라는 물건이 있을 때 하필 B라는 물건을 구매한 이유는 무엇일까? 왜 A는 구매하지 않았을까? 이런 질문에 대한 답을 행태 데이터가 줄 수 있다.

그렇다면 이러한 행태 데이터는 어떻게 획득할 수 있을까? 사실 행태 데이터를 분석 도구의 데이터만을 가지고 도출해 내기란 쉽지 않다. 즉 데이터 분석 도구의 데이터를 기반으로, 소비자 이해도와 인더스트리 이해도를 함께 접목해야 의미 있는 분석 인사이트를 도출할 수 있는 것이다.

만약 분석가가 소비자와 인더스트리 이해도가 높다면 데이터 분석 도구가 제공하는 다양한 행동 데이터만을 가지고도 의미 있는 인사이트를 도출할 수 있다. 잘 구성된 행태 연구를 진행하면 왜 사람들이 장바구니 페이지에서 결제를 하지 않고 떠났는지 이해하는 데 도움을 얻을 수 있다. 그렇지만 분석가가 행동 데이터만으로 의미 있는 인사이트를 도출하지 못하는 경우에는 설문 조사나 포커스 그룹 인터뷰와 같은 방법을 활용해서 인사이트를 얻을 수 있다.

퍼포먼스 마케팅과 데이터 분석

마케팅 관점에서 데이터 분석은 퍼포먼스 마케팅의 가장 기본 요소라 볼 수 있다.

퍼포먼스 마케팅은 ROI 마케팅, Data-driven 마케팅과 같은 의미로 Return of Investment, 즉 높은 투자 대비 수익률을 얻어낼 수 있는 마케팅을 의미한다. 다른 말로, 마케팅 비용으로 100원을 사용했다면 100원 이상을 벌어낼 수 있는 비용 대비 수익성을 기대할 수 있는 마케팅을 의미한다. 따라서 분석 도구를 활용한 트래픽이나 특정 수익을 창출한 캠페인의 결과 분석 단계가 퍼포먼스 마케팅에서는 반드시 필요하다.

측정된 결과를 통해서 분석가가 분석 결과를 도출하고, 그러한 분석들을 실행해 낼 수 있어야만 데이터 분석이 의미가 있다. 예를 들어, 페이스북 마케팅에 10,000원을 사용해서 방문 유저를 100명 획득했고, 그중 20명이 장바구니에 도달했고, 5명이 구매완료를 했다고 하자. 그렇다면 여기서 의미 있는 고객은 100명인가? 20명인가? 5명인가? 만약 의미 있는 기준을 구매완료로 설정한다면 CPA(Cost Per Acquisition)는 2,000원이 될 것이다. 만약 블로그 마케팅에 5,000원을 사용해서 20명의 유저를 획득했고, 그중 10명이 장바구니에 도달했고, 5명이 구매완료를 했다고 한다면, CPA는 1,000원이 된다.

이러한 분석 결과를 통해 도출 가능한 실행 계획은 무엇일까? 우리 사이트와 관련성(Relevant)이 높은 고객은 페이스북보다 블로그를 이용하는 고객이라는 결론을 도출하고, 보다 쉽게 디지털 채널 믹스(Mix) 전략을 도출할 수 있을 것이다.

결국 데이터 분석은 그 자체가 목표가 될 수 없으며, 퍼포먼스 마케팅을 지원하는 최대의 투자 대비 효과를 달성하기 위한 가장 근본적인 수단과 방법으로 사용해야 좋다.

더불어, 데이터 분석을 할 때 멋진 보고서나 분석을 위한 분석, 보고서를 위한 보고서를 만드는 일은 지양해야 함을 강조하고 싶다. 데이터 분석은 마케팅 캠페인을 진행하는 목적이 무엇이고, 그 목적에 이 마케팅 캠페인이 얼마나 도움이 되었으며, 그 결과 무엇을 달성했는지 정량적으로 분석하는 일이 가장 중요하다.

GOOGLE
ANALYTICS

CHAPTER

03

분석 방법론

CHAPTER 03
분석 방법론

실질적 성과를 창출하는 분석 프레임워크

데이터 분석으로 성과를 만들어 내려면 구글 애널리틱스와 같은 데이터 분석 도구를 잘 활용하는 것도 물론 중요하지만, 단지 도구 사용법을 잘 익히는 정도만으로 실질적인 성과를 창출하기에는 모자라다.

먼저 데이터 분석에 대한 전체적인 개념을 파악하기 위해서, 회사의 데이터 분석 업무에 적용 가능한 분석 프레임워크(분석 프로세스)부터 알아보도록 하자.

첫째, 분석 방법론을 확립하고, 둘째로 사업 목표와 연계된 적절한 KPI 체계를 수립해야 한다. 분석 대상 사업을 진행하는 목적을 제대로 이해한다면 사업 목적에 부응하는 분석 작업 진행이 가능해진다.

사업 목표와 KPI를 수립한 이후에는 KPI 체계를 측정하고 자동으로 결과 확인이 가능한 보고서 체계를 구축해야 한다. 이러한 보고서 시스템을 구축할 때 구글 애널리틱스와 같은 분석 도구를 활용한다.

다음으로 구축한 분석 시스템을 활용해서 목표 중심의 인사이트를 얻는 데이터 분석을 진행해야 하는데, 대부분의 회사에서는 보고서 시스템을 구축하는 것으로 분석 프로세스를 끝내는 경우가 많다. 인사이트를 도출하고 실행을 통해 실질적인 성과를 창출하는 것이 중요한데, 다양하고 멋진 보고서가 자동으로 생성되는 데에서 만족하고 그치는 것이다.

그러나 데이터 분석은 보고서를 기반으로 실제 행동을 수행해서 과거보다 의미 있는 성과를 창출해 내야만 비로소 의미 있는 작업이 될 수 있다. 이렇게 데이터 분석을 통해 실질적인 성과를 창출하려면 데이터 분석으로 도출한 작업 목록에 금전 가치 부여 모델을 수립할 수 있어야 한다.

그렇다면 금전 가치 부여 모델이란 무엇일까? 예를 들어서 모바일 앱을 분석한 결과 콘텐츠 업데이트가 필요하다는 결론을 도출했다고 하자. 그러나 기업은 항상 바쁘며 구성원이 해야 하는 업무는 끝이 없다. 그리고 이미 구성원의 업무는 중요도에 따라 일정이 수립된 상태일 수도 있다. 이런 상황에서 콘텐츠 업데이트라는 실행 목록이 실제로 모바일 앱에 반영되기까지 많은 시간이 걸릴 수 있다.

이러한 상황에서 만약 콘텐츠 업데이트를 당장 진행하지 않는다면, 매주 200만 원씩 손해를 보며, 콘텐츠 생성 후 업데이트까지 3개월 정도가 소요될 것으로 보이므로 예상 손실 금액이 2천4백만 원 정도가 될 것이라는 정보를 추가한다면 어떨까? 그리고 기획자 1명과 개발자 1명이 콘텐츠 업데이트에 투입된다면 추후 발생 가능한 누적 손실을 가시적으로 줄일 수 있으며, 콘텐츠 업데이트 후에는 실제 수익에 이만큼 기여할 수 있다는 금전 가치 모델을 제시한다면 작업이 실제로 진행될 가능성이 높아질 것이다.

이처럼 데이터 분석이 끝나면 실행에 대한 금전 가치 부여 모델을 수립하는 작업이 중요하며, 금전 가치 모델에 따라 작업의 우선순위를 수립하고, 우선순위에 따라 작업을 진행하는 프로세스를 확립하는 일 또한 중요하다.

실행 후에는 다시 데이터 분석을 통해 실행 작업 결과를 면밀히 분석하고, 새로운 작업 실행 계획을 도출한다. 그리고 그 실행 계획에 대한 금전 가치 부여 모델을 적용해서 우선순위를 수립하고 실행하는 사이클을 수립해야만 분석 이후에 실제 실행까지 이루어지는 실제 효용이 있는 분석 방법론이 정립될 것이다. 그래야 데이터 분석을 통해 의미 있는 성과를 창출해 낼 수 있다.

이러한 방법론에서 구글 애널리틱스와 같은 데이터 분석 도구가 차지하는 역할은 단지 KPI를 뒷받침하는 분석 보고서를 얻어내는 것에 불과하며, 따라서 전체 데이터 분석 프로세스에서 제일 중요한 요소는 데이터 분석을 진행하는 사람의 역량이다.

사업 목표와 연계된 적절한 KPI 체계 수립

○ 사업 목표와 연계된 적절한 KPI 체계 수립

↘ 여러분 기업의 사업 목표는 무엇인가?

- 운이 좋다면 회사는 이미 사업 목표를 정의하고 문서화 했을 것임
- 사업 목표가 잘 도출되지 않는다면 그 회사는 디지털 분석 노력보다도 더 큰 문제가 있을 수 있음
- 이러한 경우 적절한 인력 구성을 통해 구체적인 목표를 확립하는 작업을 선행할 필요가 있음

↘ KPI(Key Performance Indicator)에 대한 이해

- 정의: "KPI는 조직에서 합의된 지표이며, 성공 요인을 반영하면서도 측정 가능한 지표이어야 함
- 성공을 보장하기 위해서는 지속적으로(주 단위 이상) KPI를 모니터링 할 수 있어야 함

- 비로소 목표 대비 실행 상태를 볼 수 있고, 문제 발생시 그 지점을 확인할 수 있음

| [도표 8] 사업 목표와 연계된 적절한 KPI 체계 수립 단계

사업 목표와 연계된 적절한 KPI를 수립하는 일이란 구체적인 사업 목표가 존재해야 한다는 뜻이다. 만약 구체적인 사업 목표가 없다면 데이터 분석을 진행하기 전에 사업에 대한 구체적인 목표를 수립을 선행해야 한다.

그리고 KPI란 조직에서 합의한 지표이며, 성공 요인을 반영하면서 측정 가능한 지표로 일 단위, 주 단위로 지속적으로 측정할 수 있어야만 한다. 그래야 어떤 일을 하기 전의 결과와 어떤 일을 한 다음의 결과를 비교해서 의미 있는 분석을 진행할 수 있다.

이러한 KPI가 수립되어야 목표 대비 실행 상태를 판단할 수 있고 문제가 발생할 시 문제 요소를 빠르게 확인하고 개선할 수 있으며, 개선 후에는 개

선 사항이 어떤 영향력을 미치는지까지도 제대로 분석할 수 있다.

이 장에서는 이러한 사업 목표에 연계한 KPI 체계를 어떻게 수립할 수 있는지 살펴보도록 하자.

예를 들어, 어떤 회사의 당해 연도 전략 목표가 사업 지속성을 강화하고, 모바일 시장의 경쟁력을 강화하며, 신규 영역에서의 수익을 창출하는 것이라고 해 보자. 그런데 이러한 목표는 달성을 측정하기에 지나치게 모호하다. 따라서 이 목표를 기반으로 데이터 분석 작업을 진행하기란 상당히 어려운 일이다.

이 경우 구체적인 목표에 대한 KPI를 재무 관점, 고객 관점, 프로세스 관점, 직원 관점으로 도출해야 더 적절하다. 재무 관점에서는 글로벌 매출 75억, 총매출액, 영업이익 등 구체적인 목표 지표를 도출하고, 재무 목표 달성과 직접 관련이 적은 고객 접점 부서들의 경우 신규 가입자 수나 시장 점유율, 우수 고객 판매 수수료, 고객 만족도와 같은 지표를 수립할 수 있다.

프로세스나 직원 관점에서는 인당 생산성 같은 지표를 통해 당해 연도 전략 목표인 사업 지속성을 강화하고, 모바일 시장의 경쟁력을 강화하며, 신규 영역에서 수익을 창출한다는 사업 목표를 구체적으로 가시화할 수 있다. 즉 모호한 전략 목표가 아니라 구체적이고 측정 가능한 KPI를 연계한 사업 목표를 도출하는 일이 매우 중요하다.

일반적 기업의 전략적 목표 Map

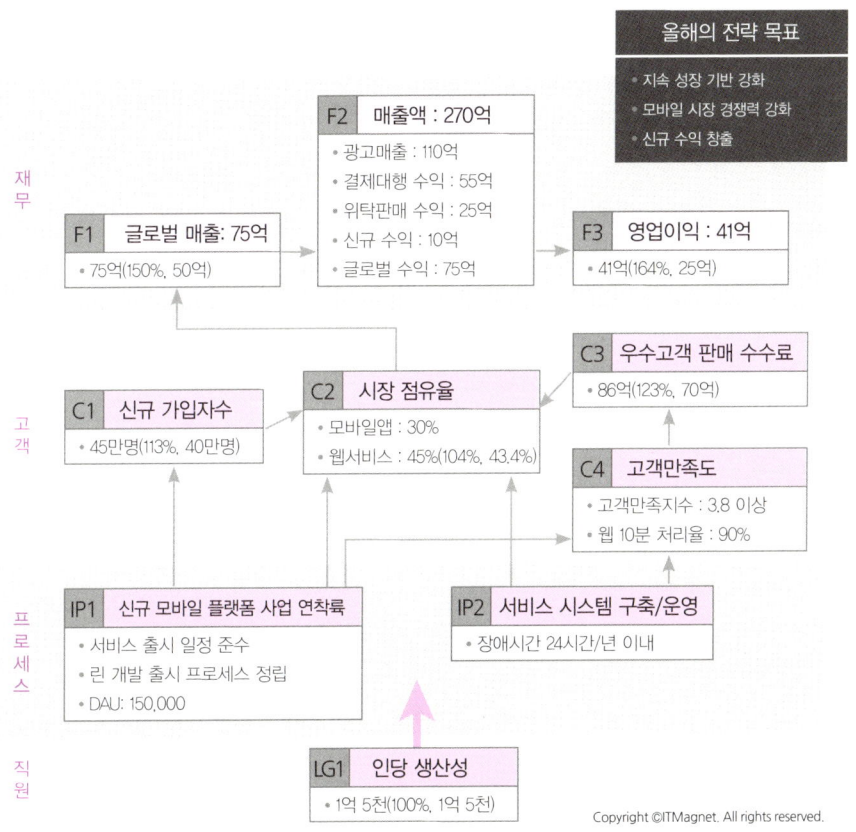

[도표 9] 일반 기업의 전략적 목표 Map

디지털 마케팅에서 고려 가능한 KPI

오프라인 중심의 사업이 아닌 온라인/디지털 사업을 진행하는 경우, 측정 가능한 일반적인 목표 지표는 해당 사업의 사업 목표에 따라 달라진다. 이러한 온라인/디지털 사업을 진행하는 데 있어서 일반화가 가능한 사업 목표를 도출하는 방법과 각 사업 목표에 대한 구체적인 KPI를 살펴보도록 하자.

◆ **전자 상거래 중심의 디지털 마케팅**

일반적으로 온라인/디지털 사업은 전자 상거래를 중심으로 진행하는 경우가 많다. 이러한 사업의 목표는 최대한 많은 잠재 고객이 사이트를 방문하여 그중 일부가 실제로 제품이나 서비스를 구매하도록 하는 것이라고 할 수 있다.

이 경우 중요한 KPI는 구매 전환이다. 즉, 유입 채널을 통해서 방문한 고객 중 몇 명이 최종적으로 제품이나 서비스를 구매했는지가 중요한 지표가 되며, 이외에 중요한 지표는 평균 주문 금액이나 주문당 구매건수 등이 될 수 있다. 그리고 구글 애널리틱스 퍼널 분석 보고서처럼, 실제 상품을 조회하고 장바구니에 담은 다음 신용카드 결제를 진행하여 구매완료를 하는 과정에서 얼마나 많은 고객이 이탈했는지, 이러한 이탈이 왜 발생했는지 등도 중요한 지표가 된다.

또한 오프라인 매장과 온라인 매장을 함께 운영하는 O2O 형식의 사업을 진행하는 경우에는 온라인 사이트가 오프라인 매장 운영에 얼마나 영향을 미치는지도 분석할 수 있다. 이러한 경우, 영향도를 분석하는 좋은 방법 중 하나는 온라인 사이트에서 할인 쿠폰을 발행하고, 오프라인 매장에서 전체 매출 대비 온라인 사이트에서 발행한 할인 쿠폰을 사용해서 발생한 매출 비율 등을 계산하는 방식이 있다. 이를 통해서 온라인 사이트의 오프라인 기여도를 추정해 낼 수 있다.

이런 방식 이외에도 치킨 배달을 주 사업 영역으로 하는 회사의 경우, 전화번호 두 개를 활용하는 방법도 있다. 전단지와 같은 오프라인 광고 매체에는 A 전화번호를 사용하고, 홈페이지 등 디지털 채널에는 B 전화번호를 부여하는 방식으로 운영하면 온라인과 오프라인 광고 매체의 효과 등을 정량적으로 분석하는 일도 가능하다.

전자 상거래 중심의 디지털 마케팅

↘ **목표**: 사이트 방문자에게 제품, 서비스, 구독 상품을 구매하도록 유도하는 것

↘ **일반적 KPI 예시**

- 전반적인 구매 전환(Conversions): 디지털 채널별 구매 전환율, 전환 금액
- 평균 주문액(Average Order Size): 평균적 사용자 구매액/구매량
- 주문당 구매건수(Items Per Order): 주문당 평균 구매 수량
- 구매 퍼널(funnel) 이탈자 분석: 구매 프로세스에서 이탈시 어디로 가는지, 왜 가는지 분석
- 오프라인 매출 영향도: 사이트에서 정보 취득 후 오프라인에서 구매하는 경우에 대한 기여도
- 최초 구매자 대비 재구매자 행동 패턴: 최초 구매자 대비 재구매자의 행태상 차이를 파악한 후, 세분화를 통한 타겟 마케팅 캠페인 진행

| [도표 10] 전자 상거래 중심의 디지털 마케팅에서 고려가능한 KPI

◆ 리드 확보 중심의 디지털 마케팅

'리드'라는 마케팅 용어는 합법적 방법으로 취득한 연락 가능한 고객 정보(전화번호, 이메일 등)를 의미하며, 리드 확보를 목표로 디지털 마케팅을 진행하는 경우도 많다.

예를 들어, 대명콘도에서 콘도미니엄을 판매할 때 고객이 홈페이지 등을 통해서 구매하기에는 해당 상품 금액이 너무 고가일 수 있다. 따라서 대명콘도 측에서 디지털 마케팅을 진행할 때 디지털 채널을 통해서 유입된 페이지(랜딩 페이지)의 목표는, 상품 구매를 위한 페이지 구성이 아니라 콘도에 대한 일반 정보를 제공에서 나아가 더 상세한 정보를 원하는 고객에게 '전화번호', 또는 '이메일'을 입력하도록 해서 고객 정보를 얻어내기 위한 페이지 UX를 구성하는 것이 일반적이다.

그리고 그렇게 획득한 이메일로 상품 브로셔를 보내거나, 영업 사원이 확보한 전화번호로 전화를 해서 상품을 안내하고 구매를 유도하는 방식으로 사업을 진행한다.

이처럼 리드 중심(고객 연락처를 획득하려는 목적 중심)으로 디지털 마케팅을 진행하는 경우, 일반적인 KPI는 방문자 대비 얼마나 많은 사람이 전화번호 같은 연락처를 제공하는지를 나타내는 리드 전환이 된다.

그 외에 다른 디지털 마케팅 캠페인을 진행한다면, 캠페인별 리드 전환율이나 리드 전환율에 영향을 끼치는 요인 중 하나인 어떤 유형의 콘텐츠가 리드 전환에 도움이 되는지를 분석하는 콘텐츠 A/B 테스트 결과물 등을 활용할 수 있다. 또한 디지털 마케팅을 통해서 확보한 리드가 실제 매출을 발생시키는 비율과 총매출액 역시 주요 KPI가 될 수 있다.

○ 리드 발생 목표 중심의 디지털 마케팅

- **목표**: 잠재적인 고객을 유도해 제품이나 서비스에 대해 더 알기 위해 영업사원의 연락을 요청함
- **성공 포인트**: 온라인 리드를 추적해서 궁극적으로 오프라인 영업으로 전환하는 방법을 이해해야 함
- **리드 발생 유형들**: 정보 요청 양식, 온라인 지원, 뉴스레터 등록, 제품 및 정보 다운로드 등록, 제휴 사이트 레퍼럴

- **일반적 KPI 예시**
  - 전반적인 리드 전환(Conversions): 리드 전환 건수
  - 캠페인별 리드 전환
  - 리드 전환 요인: 유저가 리드로 전환될 때 콘텐츠 효과 검토
  - 등록 프로세스 이탈 분석
  - 리드의 실제 고객 전환: 리드가 실제 고객으로 전환되는 비율과 전환시 매출 파악

[도표 11] 리드 확보 중심의 디지털 마케팅에서 고려 가능한 KPI

◆ 고객 서비스를 목적으로 하는 디지털 마케팅

디지털 채널 운영의 목적이 고객 서비스라면 매출이 아닌 비용 절감을 목표로 운영하는 경우가 많다. 이러한 디지털 채널 운영의 목적 분석에는 온라인 고객 지원 요청 비율이라는 KPI를 활용할 수 있다.

이러한 KPI의 구체적인 값은, 먼저 고객이 직접 콜센터에 전화를 해서 고객 지원을 요청하는 경우 고객 전화 한 통화당 소요되는 비용이 될 수 있다. 그 후 홈페이지, 이메일, SNS와 같은 온라인 고객 지원 채널을 통해 고객 요청이 접수되는 경우에 얼마의 비용이 들며, 이러한 디지털 채널을 활

용하면 고객 지원 비용이 어느 정도나 경감될 수 있는지를 분석하는 방식으로 활용한다.

그런데 고객 서비스를 목적으로 하는 채널 운영에 있어서 비용 절감이 최우선 목표가 될 수는 없다. 왜냐하면, 고객 지원에 있어서는 고객 만족도가 당연하게도 매우 중요한 지표가 되며, 이 두 가지 지표 사이에는 상충 관계가 성립할 수 있기 때문이다.

그래서 채널 운영의 일반적인 목적은, 고객 지원 비용에 대한 지출 금액을 낮추면서도 안정적인 고객 만족도를 달성하는 최적의 비율에 도달하는 채널 운영을 하는 것이다.

○ 고객 서비스를 목적으로 하는 디지털 마케팅

- 목표: "비용 절감과 고객 경험 개선"
- 배경: "일반적 기업의 경우 콜센터를 유지 관리하는 비용이 매우 높음"
- "고객 수가 많은 기업에서는 고객 서비스 요청의 일부만 디지털 채널로 이동시켜도 큰 비용 절감 효과 발생"
- 제공 가능한 고객 서비스 옵션: "콜센터, 이메일, 온라인 채팅, 온라인 셀프서비스"

- 일반적 KPI 예시

  - 온라인 고객지원 연락 비율: 이 KPI를 통해 비용이 덜 소모되는 옵션으로 사용자를 이동시키려는 목적
  - 연락당 평균 비용: 연락당 평균 비용을 시간 추이에 대한 효과를 추적하는 방식으로 많이 활용함
  - 고객지원 방식에 따른 고객 기대사항: 콜센터, 이메일, 웹사이트와 같은 접촉 채널에 대한 고객이 원하는 내용을 파악
  - 설문조사 결과: 만족도와 같은 방식을 통해 고객 경험에 대한 정량화를 시도

| [도표 12] 고객 서비스를 목적으로 하는 디지털 마케팅에서 고려 가능한 KPI

◆ 콘텐츠 서비스를 목적으로 하는 디지털 마케팅

콘텐츠 서비스를 목표로 하는 디지털 마케팅은 네이버나 구글, 조선일보나 중앙일보와 같은 인터넷 포털사이트나 언론사에서 운영하는 디지털 채널의 서비스 목적이라 할 수 있다.

이런 서비스는 서비스 성공 여부를 측정하기 위한 KPI로 트래픽 관련 지표를 많이 활용한다. 주당 방문자 수나 방문자당 페이지 뷰, 체류 시간, 광고 클릭률 등이 대표적이며, 특히 광고가 주요 매출을 이루는 서비스에서 이러한 KPI의 중요성은 더욱 커진다.

네이버나 중앙일보와 같은 회사에서 이런 지표를 측정하는 이유는, 이러한 트래픽 지표들이 콘텐츠 서비스 매출에 얼마나 기여하는지 등에 대한 매출 기여 측정 모델이 상당히 강력하게 구축되어 있기 때문이다. 따라서 이러한 회사들은 일반적으로 트래픽 관련 지표를 중심으로 서비스를 운영한다.

○ 콘텐츠 서비스를 목적으로 하는 디지털 마케팅

- 정의: 게임, 오디오, 비디오, 기사니 이 모두의 어떤 조합을 통해 매출을 이끌어내는 서비스
- 콘텐츠 서비스 운영 시 매출 방식 유형: 구독 기반 매출, 광고 기반 매출

- 광고 기반 콘텐츠 서비스의 일반적 KPI 예시
    - WAU: 주당 방문자수
    - 방문당 페이지뷰
    - 체류시간
    - 광고 클릭율
    - 신규 방문자 대비 재방문자 비율: 광고 기반 사이트는 항상 충성도 높고 신뢰할 수 있는 방문자를 원함, 이탈율이 높다면 서비스에 대한 이상 신호로 해석 가능
    - 최신성과 재방문율: 방문자가 언제 마지막으로 방문했고 얼마나 자주 재방문하는지를 측정

| [도표 13] 콘텐츠 서비스를 목적으로 하는 디지털 마케팅에서 고려 가능한 KPI 1

콘텐츠 서비스 제공의 주요 비지니스 모델이 구독 기반 서비스인 경우에는, 비구독자의 구독자 전환율이나 이미 서비스를 구독한 사람의 높은 활동성을 나타내는 DAU(일간 활동 사용자 수, Daily Active Users)나 WAU(주간 활동 사용자 수, Weekly Active Users) 등을 주요 KPI로 활용한다.

이러한 서비스 제공자는 주요 매출원이 유료 구독자이기 때문에 유의미한 구독자 비율을 측정하는 일이 매우 중요하며, 제공 서비스(콘텐츠)의 본질 가치를 간접적으로 측정할 수 있는 DAU나 WAU 등도 매우 중요하다.

○ 콘텐츠 서비스를 목적으로 하는 디지털 마케팅(계속)

- 정의: 게임, 오디오, 비디오, 기사나 이 모두의 어떤 조합을 통해 매출을 이끌어내는 서비스
- 콘텐츠 서비스 운영 시 매출 방식 유형: 구독 기반 매출, 광고 기반 매출

- 구독 기반 콘텐츠 서비스의 일반적 KPI 예시
  - 비 구독자의 구독자 전환
  - 활동성 높은 구독자 기반: DAU, WAU의 비율
  - 평균 구독 기간: 장기간 구독자와 조기 구독 취소자의 행태 차이 분석이 중요함

| [도표 14] 콘텐츠 서비스를 목적으로 하는 디지털 마케팅에서 고려 가능한 KPI 2

삼성전자나 LG전자의 홈페이지처럼 디지털 채널 운영 목적이 '브랜딩'인 경우, 홈페이지나 SNS 마케팅을 진행한다면 실제 판매보다는 전반적인 기업 이미지 제고에 목적을 두고 디지털 마케팅을 진행할 것이다.

이런 경우 디지털 마케팅에 대한 효과 분석을 진행할 때, 물론 홈페이지의 목적 브랜드에 대한 유저 체류 시간이나 페이지뷰와 같은 정량적 수치를 중요한 지표로 활용할 수도 있겠지만, 일반적으로는 고객 만족도 설문 조사나 브랜드 이미지 조사 등을 많이 실시한다.

이러한 조사 방식은 정성적 조사이기 때문에 설문지 설계 방법도 상당히 복잡하고 비용도 많이 든다. 그리고, 이러한 기업의 브랜드 마케팅은 디지털 채널 이외에도 TV, 신문, 옥외광고 등 다양한 매체를 활용하기 때문에, 디지털 채널 이외의 외부 요인을 모두 제거하고 순수한 디지털 마케팅 채널에서의 성과만을 도출해 내는 것은 매우 어려울 수 있다.

이상으로 디지털 마케팅 채널 운영에 대한 데이터 기반 성과 분석을 진행하는 데 있어서 유형화할 수 있는 사업 부문과, 각 유형별로 중요하게 고려할 수 있는 KPI 목록을 제시했다.

데이터 분석 실행 모델

데이터 분석으로 실제 성과를 창출하기 위해서는 조직 내 분석 방법론을 확립하고 체화하는 일이 가장 중요하다. 이어서 확립한 방법론에 따라 사업 목표와 긴밀히 연결되는 적절한 KPI를 수립할 수 있어야 하며, 수립된 KPI 체계를 지원하는 측정 가능한 보고서 시스템을 적용하는 것 또한 중요한 단계이다.

그러고 나서 보고서 시스템을 이용해서 운영하는 디지털 채널에 대한 목표 중심의 인사이트를 얻을 수 있도록 분석을 진행하고, 도출한 분석 결과에서 실제 조직이 실행 가능한 액션(Action) 목록을 도출해 낼 수 있어야 한다. 분석 결과로 도출한 액션(Action) 목록이 조직 역학에서 빛을 보지 못하는 일이 없도록 도출된 액션(Action) 목록에 금전 가치 부여 모델을 적용해서, 액션(Action) 수행 시 조직이 얻을 이익을 금전 가치로 표현할 줄 알아야 한다. 이 금전 가치를 중심으로 기회의 우선순위를 수립하고, 우선순위에 따라 실제 의미 있는 결과를 실행에 옮기는 것이 바로 데이터 분석 실행 모델이다.

재차 반복하듯 데이터 분석 실행 모델에서 구글 애널리틱스와 같은 분석 도구는 의미 있는 KPI 결과 확인이 가능한 보고서 시스템 구축 영역을 담당하는 역할에 불과하며, 위에서 설명한 전체 실행 모델이 준비되어야만 데이터 분석을 통해 가시적이며 실질적인 성과를 창출해 낼 수 있다.

만일 이러한 모델 없이 데이터 분석을 한다면 그저 좋은 보고서, 멋진 보고서를 몇 개 만드는 정도로 의미가 축소되고 만다. 그래서 데이터 분식은 항상 전체 모델을 중심으로 생각해야 한다. 결코 한 번 실행하고 끝나는 과정이 아니라, 목표 중심의 인사이트를 얻는 분석 보고서를 도출하고, 도출한 액션(Action) 목록에 금전 가치 부여 모델을 적용하며, 기회 우선순위를 수립한 다음 다시 실행하고, 실행 결과를 분석하는 사이클을 지속해서 반복하는 과정이라는 사실을 이해해야 한다.

우선 순위에 따른 동적 목표 수립 형식의 실행 모델

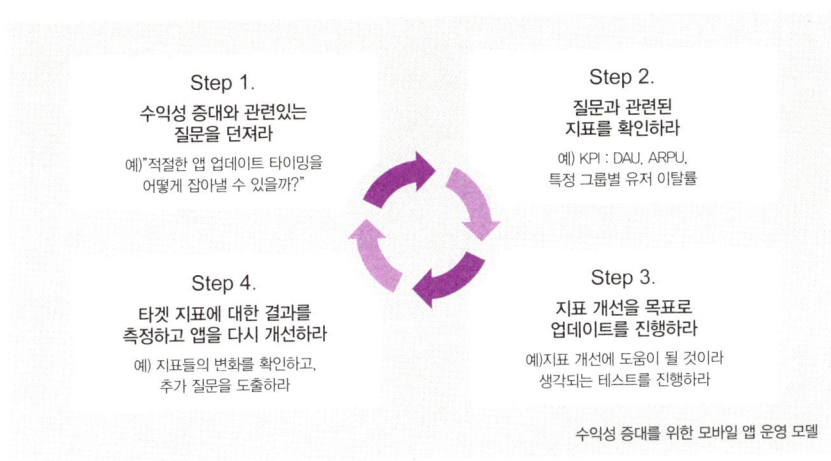

수익성 증대를 위한 모바일 앱 운영 모델

> "승자는 정말 좋은 질문, 즉 정말 좋은 사업상의 질문을 하는 사람들이 될 것이다."

- 오전 7시 ~ 10시 사이에 스웨터가 팔리는 데 10% 할인 쿠폰이 2,000원 할인 쿠폰 보다 효과적인가?
- 밤 시간에는 로맨스 소설 광고를 더 하고, 낮 시간에는 경영서 광고를 더 할 것인가?
- 가게 문을 10시에 닫는 것과 동시에 온라인 할인이 줄어드는 현상을 어떻게 해석 가능한가?

[도표 15] 데이터 분석 실행 모델

데이터 분석이 의미 있는 결과를 창출하는 시작점은, "분석을 통해서 어떻게 인사이트를 도출할 것인가"라는 질문 던지기이다. 의미 있는 인사이트를 얻으려면 무엇보다도 적절한 질문을 던질 수 있어야 한다. 예를 들어, 모바일 앱일 경우에는 "적절한 앱 업데이트 타이밍을 어떻게 도출해 낼 수 있을까?" 라는 질문을 제기하고, 다음으로 이 질문과 관련된 지표를 도출해야 한다.

예시 상황을 더 구체적으로 들어보자. 분석 대상인 모바일 게임 앱이 출시된 지 3개월이 되었고, 3개월 동안 의미 있는 성과를 달성해서 DAU(일별 활동 사용자 수, Daily Active Users)가 10만 명 정도가 되었다고 하자. 이때 다양한 방법으로 분석을 진행하던 중 쪼개서 보기(Cohort Analysis) 방식으로 가입 후 1주, 2주, 3주, … , 12주까지 분석했더니, 유저가 가입한 지 약 10주가 넘어가면 이때부터 이탈률이 현저하게 높아진다는 결과가 나왔다. 조금 더 자세하게 분석해 보니, 처음 가입한 유저 레벨은 1에서 시작하지만 10주 정도가 지나면 레벨 120을 달성하고 그 이후에 많이 이탈한다는 상세 분석 결과를 얻었다. 그리고 게임 콘텐츠를 함께 분석한 결과 120레벨이 최대 레벨이기 때문에 유저들이 더 이상 소비할 콘텐츠가 없어서 이탈한다는 가설을 수립할 수 있었다.

이런 경우 액션(Action) 목록은 "120레벨에 도달한 사람들이 이용할 수 있는 추가 콘텐츠를 준비하기"가 될 수 있다. 또한 이와 같은 액션(Action)을 실행하는 목표는 "유저가 레벨 120을 달성한 다음에도 모바일 앱을 이탈하지 않고 지속적으로 사용하도록 하기"가 된다.

이제 업데이트를 준비하고 적용한 후에 다시 관련 지표인 DAU(일별 활동 유저 수, Daily Active Users)나 특정 그룹별 유저 이탈률에 대한 모니터링 및 분석을 진행하면 도출한 액션(Action) 목록이 어떤 결과를 달성했는지를 판단할 수 있게 된다. 만약 원하는 목적을 달성하지 못했을 경우에는 이 사이클을 다시 반복해야 한다.

그래서 데이터 분석을 제대로 진행하기 위해서는 [도표 15]의 Step1과 같은 질문을 던지는 것이 굉장히 중요하다. 이런 질문의 유형을 보면, 예를 들어 "오전 7시~10시 사이에 스웨터가 팔리는데 10% 할인 쿠폰보다 2,000원 할인 쿠폰이 효과적인가?"와 같이 10% 할인 쿠폰과 2,000원 할인 쿠폰이라는 각 변수가 목표 전환율(매출)에 얼마나 기여하는지 등을 분석해서 판단할 수 있다.

또한 "밤 시간에는 로맨스 소설에 대한 광고를 더 많이 하고 낮 시간에는 경영 서적에 대한 광고를 더 많이 할 것인가?"와 같은 질문도 두 가지 광고를 집행하고, 매출 전환율이란 지표를 분석하는 방식으로 각 변수가 매출에 어떤 영향을 미치는지 분석할 수 있다.

가게 문을 9시에 닫는 것과 동시에 온라인 판매 매출이 줄어드는 현상은 어떻게 해석 가능할까? 현재 운영하는 회사가 오프라인 매장과 온라인 매장을 동시에 운영하는 O2O 서비스를 제공하고 있다고 가정해 보자. 오프라인 매장의 문을 닫는 시점에 할인 쿠폰을 발행했을 때의 매출과 할인 쿠폰을 발행하지 않았을 때의 매출에 큰 차이가 없다면 굳이 할인 쿠폰을 발행할 필요가 없다는 결론을 도출할 수도 있다.

즉, 의미 있는 결론을 도출하는 데이터 분석을 시작하려면 위와 같은 질문 리스트를 먼저 작성하는 것이 매우 중요하다.

디지털 마케팅 효과 측정 모델

◆ 전자 상거래 중심의 디지털 마케팅

전자 상거래 사이트에서 블로그나 페이스북 광고, 네이버 키워드 광고와 같은 디지털 마케팅 캠페인을 진행해서 방문 유저를 늘릴 경우, 만약 방문 유저가 채널별로 각각 10만 명씩 유입되어 총 30만 명에 달한다면 상당히 큰 트래픽이며 큰 의미가 있다고 생각할 수 있다.

그러나 디지털 마케팅에서는 단순한 유입 트래픽의 양보다 트래픽의 질이 더욱 중요하다. 즉, 네이버 키워드 광고를 통해 유입된 사람들의 평균 구매 금액은 8만 원, 페이스북 광고를 통해 방문한 사람들의 평균 구매 금액은 7만 원, 블로그를 통해 유입된 사람들의 평균 구매 금액은 3만 원이라고 한다면, 이러한 전자 상거래 서비스를 운영하는 구체적인 목적인 매출에 조금 더 부합하는 디지털 마케팅 채널은 네이버 키워드 광고나 페이스북 광고가 될 수 있다는 뜻이다. 이와 같이 우리가 사이트를 운영하는 구체적인 목표에 부합하는 최종 결과 값이 무엇인지 측정해서, 마케팅 채널별 효과 분석 결과를 구체적으로 도출하는 것이 정량적 효과 측정 모델이다.

효과 측정 모델의 정량적 요소는 총매출액이나 온라인 총 마진과 오프라인 영업 이익과의 비교, 혹은 전자 상거래 사이트를 방문해서 매출을 일으킨 고객의 LTV(고객 생애 가치, customer LifeTime Value) 등이 될 수 있다.

◆ 리드 확보 중심의 디지털 마케팅

'리드'란 마케팅 용어로 합법적 방법으로 취득한 연락 가능한 고객 정보(전화번호, 이메일 등)를 의미하며, '잠재 고객'이나 '가망고객'이란 말로도 표현할 수 있다. 이러한 리드 확보 중심의 디지털 마케팅에서 사용할 수 있는 효과 측정 모델의 대표적인 정량적 요소는 평균 리드 가치가 된다.

여기서 '평균 리드 가치'란 확보한 총 리드 중에서 구매를 완료한 리드로부터 발생한 매출을 총 리드 수로 나눈 값으로, 만일 월간 1,000 리드가 발생했고, 그중 200 리드를 통해 2억 원의 매출을 발생시켰다면, 평균 리드 가치는 20만 원이라고 측정할 수 있다.

그렇다면 이렇게 측정한 평균 리드 가치를 디지털 마케팅에는 어떻게 적용할 수 있을까? 예를 들어 배너 광고를 통해 확보한 리드가 1명이고 총 광고 비용이 10만 원이었다면, 그 배너 광고는 양호한 효과를 보이는 디지털 채널이라고 판단할 수 있다. 그런데 어떤 유명한 온라인 잡지에 네이티브 광고를 진행하여 100만 원이라는 비용을 지출하고도 리드를 1명밖에 확보하지 못했다면 어떠한가? 이 디지털 채널의 마케팅 투입 비용 대비 실제 ROI를 분석해 보면 매우 비싼 디지털 채널이란 결론을 내릴 수 있다. 이런 경우, ROI 관점에서 조금 더 효과적인 디지털 채널을 활용하는 방식으로 마케팅 예산을 조정하는 것이 좋은 전략이다.

◆ 고객 서비스를 목적으로 하는 디지털 마케팅

고객 서비스를 주요 목적으로 디지털 채널을 운영하는 경우, 효과 측정 모델의 주요 측정 지표는 매출 관련 지표가 아니라 비용 절감 관련 지표가 된다.

이런 경우 고객 서비스에 활용하는 콜센터 전화나 이메일, 웹 게시판, SNS 채널 등을 통한 연락 방법처럼 고려 가능한 수단을 도출하고, 각 연락 방법당 어느 정도의 비용이 들어가는지를 측정할 수 있다.

예를 들어 콜센터의 경우 6개월 동안 진행한 총 통화건수가 10만 건이고, 한 통화당 1천 원의 비용이 들어간다면, 콜센터 유지에 들어가는 총비용은 1억 원이 된다.

이메일의 경우 6개월 동안 처리한 이메일 처리건수는 5만 건이고, 이메일 1통을 발송하는데 들어가는 비용이 200원이라면, 이메일 방식을 통한 고객 서비스 비용은 1천만 원이 된다.

웹 게시판을 활용하는 경우 6개월 동안 8만 명이 활용을 했고 방문 당 100원의 비용이 들어갔다면 총 소요 비용은 8백만 원이 된다.

이 경우 고객 서비스에 대한 총비용은 1억 1천8백만 원이고, 이 세 가지 연락 방법에 대한 평균 비용은 513원이 된다. 513원을 기준으로 콜센터, 이메일, 웹 게시판에 대한 비용을 분석해 보면, 가장 비용 효율성이 좋은 고객 연락 처리 방식은 웹 게시판이 된다. 콜센터의 경우 상당히 높은 비용이 지출되는 고객 연락 처리 방식이라고 판단할 수 있게 된다.

그러나 고객 서비스의 경우 단순히 비용 절감만이 유일한 목표는 아니며, 고객 만족도 또한 매우 중요한 지표가 된다. 평균 비용 관점에서는 콜센터를 운영하는 데 많은 비용이 들어간 것으로 분석되지만, 콜센터를 활용해서 고객 서비스를 처리하는 것이 고객만족도 측면에서는 인상 깊게 높다면 이 채널도 적절하게 유지하는 것이 좋은 전략이 될 수 있다.

◆ 간접 행동에 대한 효과 측정 모델

현재 프랜차이즈 본사를 운영하고 있으며, 가맹점을 2만 개 확보하고 있다고 하자. 모든 가맹점의 온라인 마케팅은 프랜차이즈 본사가 운영하는 홈페이지와 같은 다양한 디지털 마케팅 채널을 통해서 진행한다.

이 경우 가맹점 입장에서는 프랜차이즈 비용만큼 본사로부터 적절한 온라인 마케팅 지원을 받고 있는지 궁금할 수 있다. 이때 적용할 수 있는 정량적 효과 측정은 가맹점에 대한 개별 홈페이지로의 트래픽 유입이 어떤 디지털 채널이나 캠페인 결과로 유입되었는지를 분석하는 방식으로 진행할 수 있다.

이처럼 유입된 트래픽을 바탕으로 평균 구매율이나 평균 매출 등의 지표를 측정한다면 프랜차이즈 본사가 가맹점 매출에 얼마나 기여했는지 측정할 수 있다.

다른 예시도 살펴보자. 치킨 프랜차이즈에 가입해서 가게를 운영한다고 했을 때, 고객들은 프랜차이즈 본사 홈페이지에 접속해서 역삼동에 있는 가맹점 정보를 조회하고 온라인 혹은 전화로 주문할 수 있을 것이다. 이때 역삼동 가맹점을 조회하는 사람이 한 달에 3,000명이고 그중 2,000명이 홈페이지의 전화번호로 가맹점에 전화 주문을 하고, 그중에서도 1,500명이 실제로 치킨 주문을 완료했다고 해 보자. 그렇다면 이 프랜차이즈 본사의 가맹점 매출 기여도는 매우 높다고 분석할 수 있으며, 이 기여도를 정량적인 숫자로 도출해서 나타낼 수도 있다.

오프라인 영업에 대한 디지털 채널의 효과를 측정하는 방식도 이와 유사하다. 예를 들어, 페이스북 페이지와 홈페이지를 활용한 디지털 마케팅을 진행하는 경우, 두 채널에 서로 다른 이메일 정보를 제공하고 어떤 이메일을 통해 문의가 많이 들어오는지와 매출 기여도 등을 측정할 수 있다.

또한 같은 방식으로 오프라인 반찬가게를 운영하는 경우, 전단지에는 전화번호 A를 부여하고 운영하는 홈페이지에는 전화번호 B를 부여해서 3개월 정도 마케팅을 진행한다면 전단지를 통한 고객 확보와 홈페이지를 통한 고객 확보 중에서 어떤 채널의 기여도가 더 높은지 구분할 수 있을 것이다.

이외에도 디지털 채널 전용 상품코드를 부여하는 방식도 가능한데, 디지털 채널을 통해서만 판매하는 상품코드를 부여하고 그 코드로 온라인 매출액을 분석할 수도 있다. 또한 디지털 채널에서 할인쿠폰을 발행하고, 할인쿠폰을 통한 오프라인 매출금액이 어느 정도인지를 파악하는 방식으로 디지털 채널의 오프라인 매출 기여도도 측정할 수 있다.

디지털 마케팅 캠페인 효과 측정 사례분석

위에서 설명한 디지털 마케팅 효과 측정 모델을 기반으로 실제 디지털 마케팅 캠페인 사례를 살펴보고, 어떤 식으로 디지털 마케팅을 진행해야 좋을지 알아보도록 하자.

◆ 가능한 모든 방식을 활용한 리드 확보 캠페인 사례

○ 디지털 마케팅 캠페인을 잘못 진행하는 사례

> ↘ 목표: 기업용 소프트웨어 제조사 X가 가장 높은 우선순위로 "가능한 많은 사람들에게 지원 양식 연락처를 입력해서 영업 인력이 연락할 수 있도록 하는 것"

> ↘ 어떻게 유도할 것인가?

> - 회사 X가 아이폰6와 같은 경품을 인센티브로 제공하는 방법을 활용
>   - → 불행히도 회사가 이런 마케팅을 하면 결국 많은 돈을 써서 질 낮은 리드를 유도하게 됨
>   - → 많은 사람이 경품 응모를 목적으로 제공하는 양식에 등록할 것인데, 영업 인력에게 그런 사람들과 얘기하도록 월급을 주는 것이 정말 좋은 계획일까?
> - 다양한 페이지에서 Target 캠페인에 대한 "랜딩 페이지"로 이동하는 링크가 걸린 텍스트로 가득 채우는 방식 활용
>   - → 단기적 수치 상승 효과는 있을 수 있음
>   - → 그렇지만 시간이 지나면 전체 손님이 줄어들 가능성이 매우 높음
>   - → 리드 품질은 매우 감소할 것으로 예측됨. 즉 영업 팀은 소득 없는 통화를 많이 하면서 시간을 낭비하게 될 것이 분명함

> ↘ 모든 일은 전반적인 사업 목표에 달려 있으며, 종합적인 성과 마케팅 전략을 수립하고 실행하는 것이 중요함

| [도표 16] 디지털 마케팅 캠페인을 잘못 진행하는 사례 1

기업용 소프트웨어를 판매하는 회사 X는 '리드 확보'를 목적으로 디지털 마케팅을 진행하고 있다. 그리고 특히 이번 디지털 마케팅 캠페인에서는 어떤 방법을 써서라도 최대한 많은 '리드'를 확보하려고 한다.

리드의 질을 고려하지 않고 최대한 많은 양의 리드 확보를 목적으로 디지털 마케팅 캠페인을 진행하는 경우라면, 가장 많이 고려하는 옵션은 바로 '경품' 제공을 통한 리드 확보 방식이다. 많은 회사에서 디지털 마케팅 캠페인으로 이러한 경품 인센티브 방식의 리드 확보를 시도하지만, 결코 추천하는 디지털 마케팅 캠페인 방식은 아니다. 경품을 담보로 확보한 리드는 기업용 소프트웨어보다는 최신 휴대폰과 같은 경품에 관심이 있을 가능성이 높기 때문이다.

만일 이 방식으로 마케팅 캠페인을 진행하여 리드 2천 건을 확보해서 영업 사원에게 이 리드 정보를 전달했다고 해도, 영업 사원이 확보한 리드에게 전화를 하면 실제 제품에 관심이 있거나 구매로 이어질 가능성은 높지 않다.

이러한 리드는 대부분이 체리피커(자신의 실속만 차리는 소비자)일 가능성이 높고, 오직 최신 휴대폰이라는 경품에만 관심이 있을 뿐이다. 따라서 막상 판매 제품인 기업용 소프트웨어에는 관심이 없는 리드를 수집하는 일이 과연 의미 있는 디지털 마케팅 캠페인일지는 생각해 볼 필요가 있다.

유입 트래픽 양을 늘리는 또 다른 방법은 운영하는 웹 사이트의 다양한 페이지를 타깃 캠페인에 대한 랜딩 페이지로 연결하는 링크가 걸린 텍스트로 가득 채우는 것이다. 이 방식은 언론사 웹페이지에서 많이 활용하며, 많은 독자들이 언론사 홈페이지에서 뉴스 기사를 읽는 것을 꺼리게 만드는 이유가 되기도 한다.

이 방식은 단기적으로는 랜딩 페이지로의 유입 트래픽 양을 늘릴 수 있지만, 언론사 웹페이지처럼 오히려 전체 방문객 수가 줄어들 수도 있는 위험한 방법이기도 하다. 또한 확보한 리드 품질 자체도 좋지 않을 것으로 예상되므로 영업팀은 소득 없는 통화에 많은 시간을 낭비하게 될 가능성이 높다.

결론적으로 모든 일은 전반적인 디지털 마케팅 목표에 달려 있기 때문에 종합적인 성과 마케팅 전략을 수립하고 실행하는 것이 중요하다. 어떤 목적으로 디지털 마케팅을 수행하는지, 나아가 실행하는 디지털 마케팅 캠페인이 목적 달성에 얼마나 도움이 되는지를 측정할 수 있어야 한다.

◆ **가능한 모든 방식으로 마케팅 메시지를 보내려고 하는 사례**

○ 디지털 마케팅 캠페인을 잘못 진행하는 사례

- 전혀 경험이 없거나 아주 경험 많은 일부 마케터는 가능한 모든 방식으로 메시지를 보내려는 경향을 보임

- 다양한 산업 전시회 참가 마케팅 사례

  - 많은 업체들이 자존심이나 새로운 시장 진입에 대한 욕구 때문에 매년 산업전시회 수십 곳에서 거대하고 비싼 부스를 차지함
    → 불행히도 이런 전시회 중 아주 작은 비율만이 매출이나 매출에 대한 전망으로 이어짐

- 마케터는 ROI 측정에 관심을 가져야 하며, 따라서 언제 어떤 방식의 마케팅이 효과적이고 어떤 마케팅 방식이 효과적이지 않은지 알 수 있어야 함

| [도표 17] 디지털 마케팅 캠페인을 잘못 진행하는 사례 2

전혀 경험이 없거나 경험이 많은 일부 마케터의 경우 가능한 모든 방식으로 마케팅 메시지를 보내려는 경향을 보이는데, 이 역시 ROI(투자수익률, Return On Investment) 관점에서는 추천할만한 방식이 아니다.

예를 들어 다양한 산업 전시회 참가 마케팅을 진행하는 경우를 생각해 볼 수 있다. 만일 스페인 바르셀로나에서 진행되는 MWC(Mobile World Congress)라는 세계적인 모바일 산업 전시회에 참가하는 경우라면, 전시회 부스 개설 비용과 운영자 경비(비행기 비용, 호텔비, 출장비 등)를 생각한다면 1억~2억 원 정도의 비용이 소모된다.

ROI 마케팅 관점에서 보면, 마케팅 비용을 1억 원가량 사용했다면 해당 마케팅 캠페인을 통해 1억 이상의 매출을 달성해야만 의미가 있다. 그런데 MWC나 다른 국제 산업전시회 참가를 통해서 의미 있는 실제 매출을 달성하는 일은 쉽지 않다.

그래서 마케터는 ROI 측정에 관심을 가져야 한다. 하지만 메시지를 많이 전달하는 것 자체가 중요한 목표는 아니므로, 특정한 마케팅 캠페인을 통해서 메시지를 전달하는 경우에는 그 캠페인을 통해 분명한 성과를 이끌어 낼 수 있어야 한다.

Data-Driven 마케팅을 정착시키기 위한 조직 문화

○ Data-Driven Marketing을 정착시키려면

> 조직 문화는

- 기업이 추구하는 마케팅 목적을 분명하게 정의할 수 있어야 함
- 마케터의 KPI를 명확하게 할당해줄 수 있어야 함
- KPI를 측정하고 달성하는데 필요한 도구를 제공해야 함(캠페인 트레킹 툴, 데이터 분석 시스템 등)
- 측정한 데이터를 기반으로 한 의사결정이 진행되어야 함
- 마케터에게 어느 정도 독자적인 운영 권한 부여가 필요함
    - 학습 결과를 바로 캠페인 최적화에 적용할 수 있는 순발력 → 예산 절감 → 절감된 예산을 또 다른 테스트 캠페인에 투자할 수 있는 결정 권한

> 마케터는

- Discount나 1+1 혜택과 같은 스킬에 연연해서는 안 됨.
- 최종 목표에 도달하는 과정을 Funnel로 그려내면서 모든 단계를 측정하고 모니터링 해야 함
- "Test & Learn"은 끊임 없는 순환 사이클이라는 점을 인지해야 함
    - 지속적 측정을 통해 역량 향상이 이루어질 수 있도록 끊임없는 분석과 학습이 진행 되어야 함

| [도표 18] 데이터 기반 마케팅을 정착시키기 위한 조직 문화와 마케터의 역량

퍼포먼스 마케팅을 조직 내에 정착시키려고 한다면 무엇보다도 조직 문화가 중요하다. 기업은 마케팅 목적을 분명하게 정의할 수 있어야 하고, 마케터에게 KPI를 명확히 할당할 수 있어야 하며, 각각의 KPI를 측정할 수 있는 도구를 제공해야 한다. 즉, 구글 애널리틱스와 같은 데이터 분석 도구를 제공해야 하며, 측정한 데이터를 기반으로 의사결정을 내리는 조직 문화가 형성되어야 한다.

퍼포먼스 마케팅, 즉 ROI 마케팅이 정착되려면 마케터가 데이터를 보면

서 마케팅 캠페인에 대한 의사결정을 진행해야 한다. 이런 문화에서는 마케팅 캠페인을 결정하는 호흡을 3~6개월로 길게 가져가기보다는 신속하게 결정하여 진행하는 편이 좋다. 만약 오늘 디지털 마케팅 채널을 결정하고 마케팅 캠페인을 진행했는데, 같은 날 저녁때 데이터 분석을 해보니 이 캠페인의 성과가 다른 캠페인 성과와 비교해서 탁월하게 높다는 결과가 나왔다면, 다른 캠페인에 할당한 예산을 줄여서 이 디지털 마케팅 캠페인에 대한 예산을 실시간으로 늘리는 것이 전체 마케팅 성과 향상에 도움이 될 것이다.

이런 관점에서, 조직은 디지털 마케팅 캠페인을 진행하는 마케터에게 마케팅 예산 관리를 포함하여 독자적인 운영 관리 권한을 부여할 수 있어야 한다. 이를테면 조금 전의 마케팅 캠페인 예시와 같은 상황처럼, 디지털 마케팅 캠페인을 통해 마케터는 결과에 따라 자신이 운영하는 디지털 마케팅 캠페인들을 최적화할 수 있는 분석 능력과 순발력을 발휘할 줄 알아야 한다. 또한, 다른 디지털 마케팅 캠페인에 시기적절하게 시간과 비용을 투자할 수 있는 권한을 부여하는 조직 문화 환경이라면 앞서 이야기한 마케터의 능력으로 예산을 최적화하여 더 나은 성과를 창출해 낼 수 있을 것이다.

그리고 마케터는 사례 분석에서 나왔던 것처럼 할인 및 경품 제공이나 1+1 혜택과 같은 스킬에 연연해서는 안 되며, 마케팅 캠페인을 실행하는 최종 목표에 도달하는 과정을 Funnel로 그리면서 모든 관계를 측정하고 모니터링할 수 있어야 한다. 이 과정에서 구글 애널리틱스와 같은 데이터 분석 도구가 필요하다.

디지털 마케팅은 'Test & Learn'이라는 끊임없는 순환 사이클을 마케터가 관리하는 과정이라는 것을 인지해야 한다. 다시 말하면, 지속적인 측정을 통해 마케팅 캠페인을 수정하면서 디지털 마케팅의 성과를 장기적으로 향상해 나가는 것이다. 이를 위한 분석과 학습을 병행해 나가는 것이 마케터에게 필요한 역량이다.

즉, 데이터 중심의 마케팅을 실행에 옮길 수 있는 조직 문화가 준비되어야 하고, 마케터는 분석을 통한 학습 결과를 디지털 마케팅에 적용할 수 있는 기본 역량을 보유하고 있어야만 퍼포먼스 마케팅, 곧 Data-Driven 마케팅이 비로소 가시적인 성과를 낼 수 있다.

GOOGLE
ANALYTICS

CHAPTER

04

구글 애널리틱스
생태계의 이해

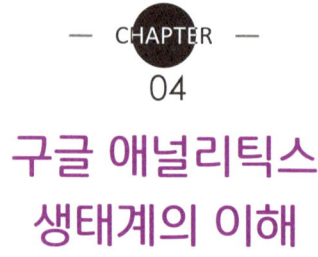

구글 애널리틱스 생태계의 이해

구글 애널리틱스와 관련된 역할들

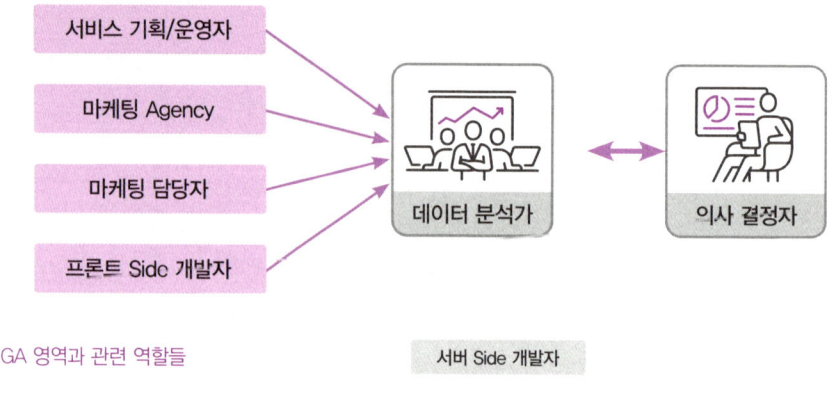

GA 영역과 관련 역할들

| [도표 19] 구글 애널리틱스 사용자들과 관련된 역할

구글 애널리틱스의 사용자는 서비스 기획/운영자이거나, 마케팅 Agency 담당자, 현업 마케팅 담당자, 아니면 Front-End 개발자 중 하나일 가능성이 높다. 또한 이러한 직무 담당자 중에서 조금 더 데이터에 관심을 가지고 데이터를 바탕으로 의미 있는 인사이트를 추출하는 데이터 분석을 하는 사람이라면 데이터 분석가라는 직무를 갖게 될 가능성이 높다.

구글 애널리틱스를 활용하는 데이터 분석가는 구글에서 제공하는 다양한 보고서를 기반으로 데이터 분석을 진행하므로 의사 결정자에게 도움이 되는 내부 보고서를 만들어 제공하는 역할을 한다.

구글 애널리틱스 아키텍처

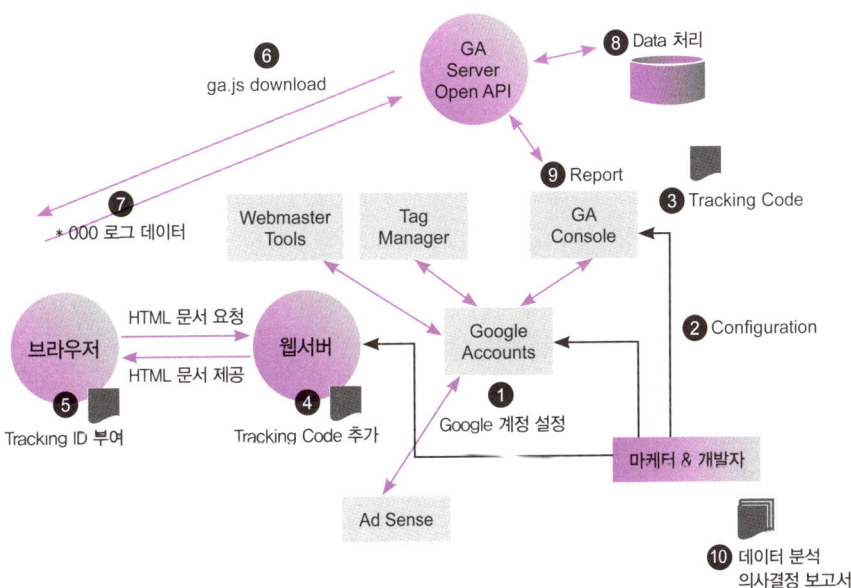

| [도표 20] 구글 애널리틱스 아키텍처

구글 애널리틱스에서 데이터를 트래킹하고 데이터를 분석하는 일이 가능하도록 하는 구글 애널리틱스 아키텍처를 살펴보도록 하겠다.

웹 서비스를 이용하는 방식은 다음과 같다. 유저가 브라우저로 웹 서버에 접속을 하면, 웹 서버는 브라우저 쪽에 HTML을 전달한다. 브라우저는 전달받은 HTML을 다운로드한 후 HTML 문서를 해석해서 화면에 내용을 보여준다.

그런데 현재 구글 애널리틱스 서버는 분석 대상 웹 서버를 알지 못하는 상태이기 때문에, 웹 사이트 분석가가 구글 애널리틱스에게 분석 대상 웹 서버를 알려주는 셋업을 진행해야 비로소 분석을 시작할 수 있다. 이 서비스를 사용하려면 구글 계정이 필요한데, 지메일(Gmail) 계정을 생성하면 구글 계정을 쉽게 만들 수 있다.

생성한 계정으로 구글 애널리틱스 관리자 화면인 GA 콘솔에 로그인한다. 그다음 관리자 화면에서 분석 대상 웹 서버의 URL을 구글 애널리틱스에게 알려주는 Configuration이라는 과정을 진행하면, 구글 애널리틱스 서버가 실질적인 트래킹이 가능한 트래킹 코드를 생성한다. 웹 사이트 분석가가 이 트래킹 코드를 분석 대상 웹 서버에 추가하면 이제부터 의미 있는 분석 데이터가 쌓일 준비가 끝난다.

- GA 콘솔 URL: https://www.google.com/analytics

이제 다시 일반 유저가 분석 대상 웹 서버에 접속하면 유저의 브라우저에 HTML 문서를 제공하면서 추가한 트래킹 코드를 함께 전달하게 된다. 유저의 브라우저는 이 트래킹 코드를 다운로드 받은 다음 구글 애널리틱스 서버 쪽으로 데이터 트래킹을 위한 .js 파일을 전달해 줄 것을 요청한 후 이 파일을 다운로드한다. 이 파일이 바로 구글 애널리틱스가 분석 작업을 위한 데이터를 트래킹하는 역할을 진행한다고 보면 된다.

이 파일을 다운로드한 다음에는 유저의 다양한 트래킹 정보를 1픽셀짜리 투명 이미지 파일에 넣어서 구글 애널리틱스 서버에 웹비콘 이미지를 전달해 준다. 이 웹비콘 이미지 안에는 접속한 유저가 최초 방문자인지 재방문자인지, 어떤 URL 또는 어떤 랜딩 페이지에 접속했는지, 웹페이지 다운로드에 걸리는 시간은 어떻게 되는지, 그 과정에서 접속한 네트워크 경로가 KT 망인지 아니면 하나로 텔레콤 망인지와 같은 온갖 정보를 담아 넣게 된다.

구글 애널리틱스 서버는 웹비콘 이미지를 전달받아서 그 파일을 파싱(Parsing)한 후 분석 데이터베이스에 그 내용을 입력하고, 입력된 정보를 기반으로 분석 보고서를 제공한다. 구글 애널리틱스의 기본적인 분석 메커니즘은 이런 방식으로 동작한다.

이러한 기본 분석 서비스 이외에 Web Master 도구나 Tag Manager, 또는 AdSense와의 정보 연동으로 조금 더 다양한 고급 분석 정보를 얻어내는 것도 가능하다.

이렇게 구글 애널리틱스를 통해서 제공받은 다양한 분석 보고서를 가지고 경영진이 의사결정을 진행할 수 있는 데이터 분석 보고서를 만들어내는 것이 데이터 분석가의 최종 목표가 된다.

구글 애널리틱스 트래킹 코드 추가 방법

구글 애널리틱스를 활용해 웹 서버를 트래킹하기 위한 가장 기본적인 트래킹 코드를 만들어서 웹 서버에 추가하는 내용을 조금 더 자세히 살펴보자.

| [도표 21] 구글 애널리틱스 Tracking 코드 추가 방법

〈HTML〉 문서는 위의 [도표 21]처럼 〈html〉이란 태그로 시작해서 〈/html〉이란 태그로 끝이 나며, 그 안에 여러 가지 태그들이 존재하는 문서이다. 이 〈HTML〉 문서의 〈head〉와 〈/head〉 사이에 구글 애널리틱스에서 제공하는 트래킹을 위한 자바 스크립트 코드 정보를 넣으면 된다.

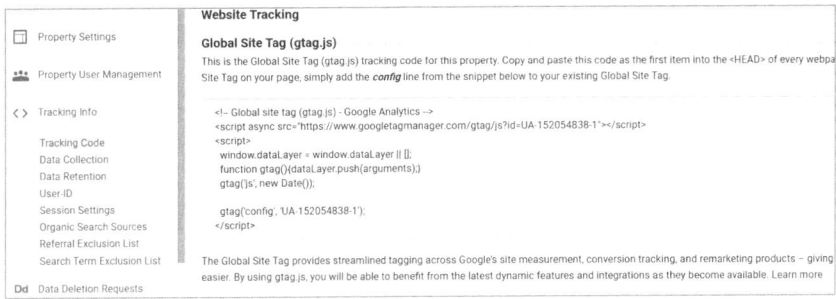

| [도표 22] 구글 애널리틱스가 제공하는 Tracking을 위한 자바 스크립트 코드 정보 화면

[도표 22]에서 보이는 자바 스크립트 정보가 구글 애널리틱스에서 생성해서 제공하는 트래킹 코드이며, 구글 애널리틱스 관리자 화면(Console)의 Admin 메뉴로 가면 Property 메뉴 하단에 Tracking Info라는 메뉴가 있고, 그 하단에 Tracking Code라는 메뉴가 있다. 이 Tracking Code라는 메뉴를 클릭하면 구글 애널리틱스가 분석 대상 웹 서버를 트래킹 할 수 있도록 하는 트래킹 코드를 자바 스크립트 형식으로 제공한다. 제공된 이 자바 스크립트 트래킹 코드를 복사해서 분석 대상 웹 서버의 모든 〈HTML〉의

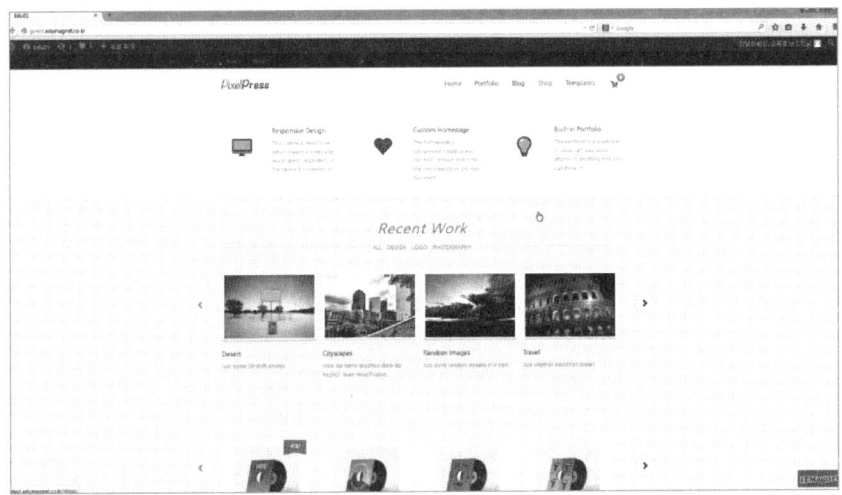

| [도표 23] 실습용 데모 웹 사이트 화면

⟨head⟩와 ⟨/head⟩ 사이에 이 코드를 입력하고 저장하면 이제부터 분석을 위한 트래킹을 진행할 수 있다.

아래에서 데모 웹 사이트를 기반으로 조금 더 상세하게 설명하도록 하겠다. 데모용 웹 사이트로 쇼핑몰 사이트를 개발했는데, 이제 이 쇼핑몰에 구글 애널리틱스 트래킹 코드를 추가하는 실습을 진행해 보자.

구글 애널리틱스 사용을 위한 초기 추천 환경

구글 애널리틱스 관리자 화면은 아래 URL로 접속할 수 있다.

- 구글 애널리틱스 관리자 화면(Console) URL:
  https://www.google.com/analytics

구글 애널리틱스는 클라우드형 분석 도구로, 웹브라우저를 통해 접속해서 분석 대상 웹 사이트나 모바일 앱을 설정하고, 트래킹한 데이터를 분석할 수 있는 다양한 보고서 화면을 제공하는 서비스이다.

구글 애널리틱스를 정상적으로 이용하려면 구글 크롬(Chrome) 브라우저를 접속 브라우저로 사용할 것을 강력하게 추천한다. 우리나라에서 많이 사용하는 마이크로소프트의 인터넷 익스플로러(Internet Explorer)는 정상적인 셋업이 진행되지 않는 기능이 많다.

구글 애널리틱스 관리자 화면(https://www.google.com/analytics)에 한국어 브라우저로 접속하면 지원하는 기본 언어가 '한국어'로 되어 있다. 한국어를 사용하는 경우에는 구글 애널리틱스를 활용한 분석을 진행하는 데 필수적으로 이해해야 하는 분석가의 관점에 해당하는 Dimension과 분석 영역의 실제 측정값이라 할 수 있는 Metrics 등이 한국어로 표현된다.

그러나 구글 애널리틱스를 사용하면서 마주치는 대부분의 기능은 영어일 때 더욱 직관적이다. 따라서 구글 애널리틱스를 처음으로 사용하는 입문자라면 언어를 영어(English)로 변경해서 사용하기를 추천한다.

한글로 제공되는 서비스 언어를 영어로 변경하는 방법은 다음과 같다. 먼저 좌측 하단 메뉴에서 '톱니바퀴'를 클릭한 후 상단의 관리자 사용자 메뉴에서 '사용자'를 클릭한다.

| [도표 24] 구글 애널리틱스 서비스 제공 언어 변경 화면

    언어 항목에서 제일 상단에 위치해있는 'English (United States)'를 선택하고 우측 하단의 '변경사항 저장' 버튼을 클릭해서 영문을 기본 언어로 설정한다. 설정 이후 구글 애널리틱스 홈으로 이동하고 새로고침(F5)을 한다.

이제 구글 애널리틱스의 서비스 제공 언어가 '영어'로 변경된 것을 확인한다.

[도표 25] 구글 애널리틱스 영문 화면

◆ GA 기본 셋업을 통한 데이터 트래킹

1) GA 기반 웹 분석의 이해

쉽게 분석 대상 웹 사이트가 먼저 있어야 하고, 해당 웹 사이트에 대한 분석 데이터를 확보하는 것이 GA의 역할이다.

2) 분석 대상 웹 사이트의 종류

A. 웹 사이트 개발로 웹 사이트 확보(Java, PHP 등) : 개발자 구성에 따라 매우 다양한 형태를 가진다.

B. 워드프레스와 같은 노코드 툴을 활용한 세팅 방식으로 웹 사이트 확보 : 노코드 툴의 유형에 따라 사용법이 달라진다.

3) 이 챕터에서 데모로 활용할 웹 사이트 방식은 노코드 툴인 워드프레스를 사용했다. 워드프레스 웹 사이트는 '플러그인'을 설치하는 방식으로 다양한 기능을 확장할 수 있으며, 이 챕터에서는 GA의 분석 코드를 쉽게 추가시키기 위한 'Insert Headers'란 플러그인을 추가한 코드 삽입

데모를 사례로 설명하였기 때문에, 자신의 웹 사이트에서 'Header'라는 섹션에 어떻게 코드 삽입을 할 것인지는 사용하는 서비스 환경을 확인해 보아야 한다.

4) GA에서 추적 코드를 얻는 방법을 알아보자.

A. Admin 메뉴에서 'Create Account' 메뉴를 클릭한다.

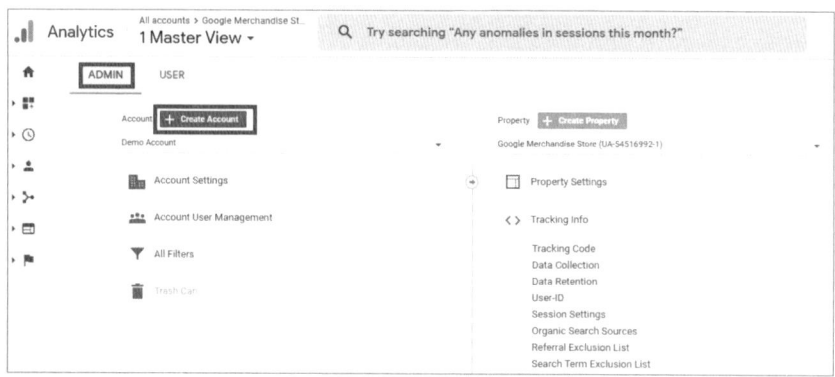

| [도표 26] 구글 애널리틱스 Account 생성 시작 하면

B. Account Setup 항목에 Account명을 입력한다. 임의의 식별 가능한 이름이면 어떤 이름이든 가능하다. 입력 후 하단의 Next를 클릭한다.

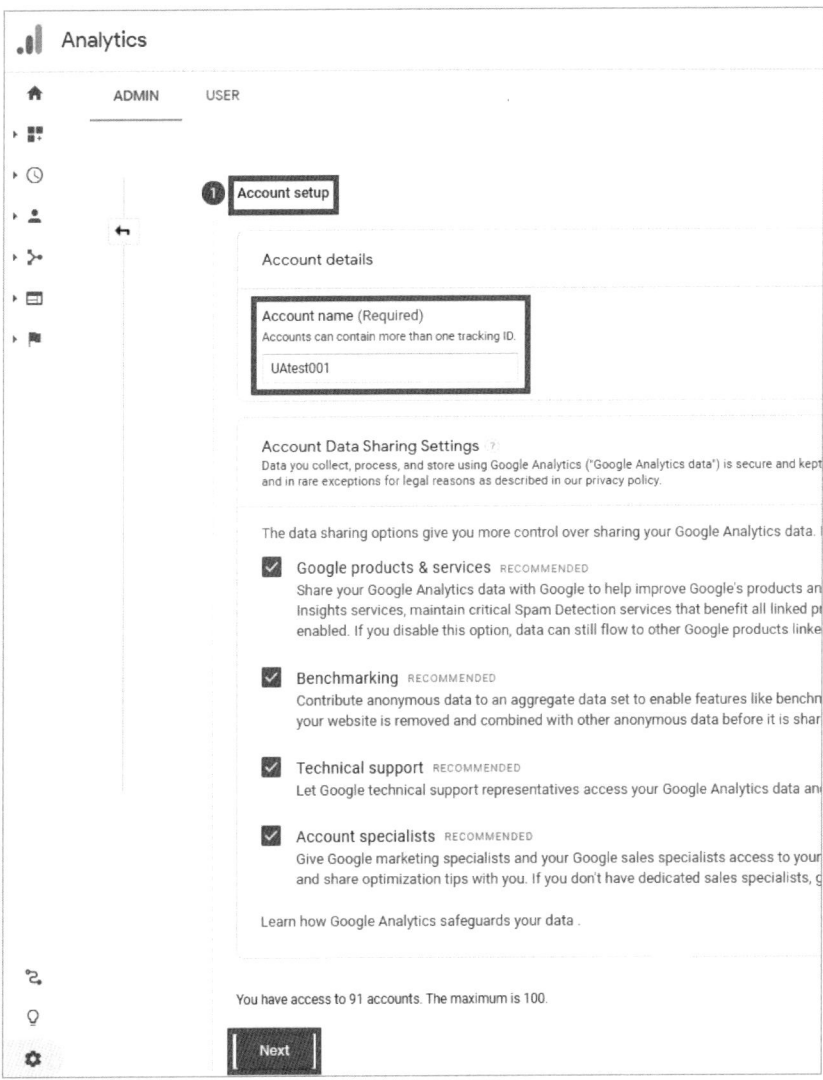

| [도표 27] 구글 애널리틱스 Account 생성 첫 번째 세션

C. 두 번째 항목은 'What do you want to measure'으로 웹 사이트를 트래킹 할 것인지, 모바일 앱으로 트래킹 할 것인지를 선택하는 창이다. 여기서 우리는 웹 사이트 트래킹을 선택할 것이다.

D. Property명을 입력(예: My Web)하고 하단의 파란 링크 'Show advanced options' 항목을 클릭한다. 매우 중요한 부분이니 명심하자.

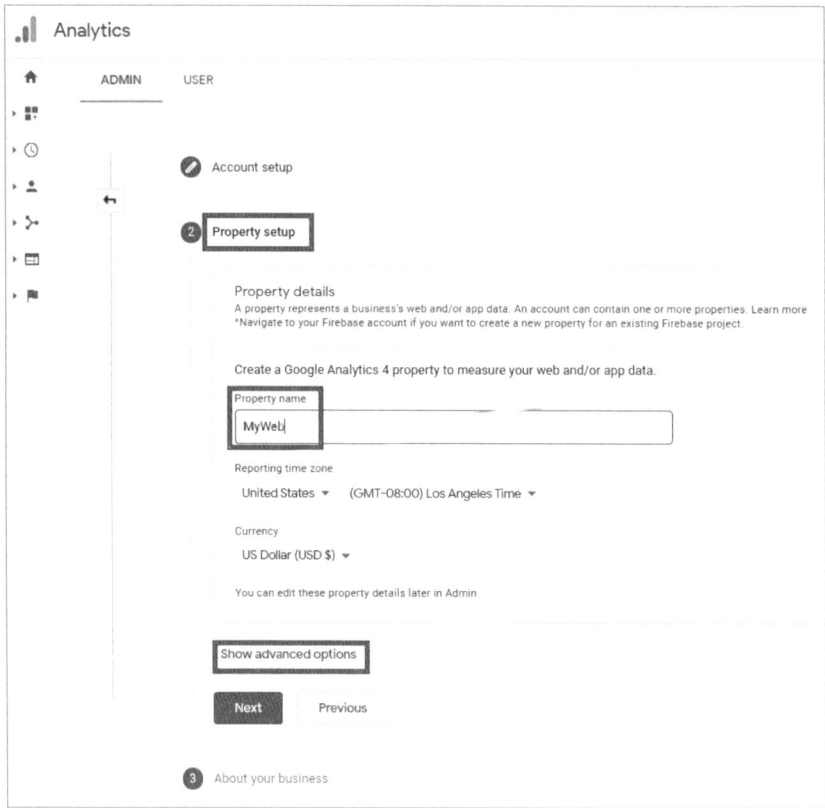

| [도표 28] 구글 애널리틱스 Account 생성 두 번째 세션

E. 하단 영역에 Create a Universal Analytics property를 클릭하면 숨겨졌던 옵션이 나온다. 분석 대상 웹 사이트 URL을 입력하고, 'Create a Universal Analytics property only'를 선택한 뒤, 상단 영역에서 Reporting time zone으로는 'South Korea'를 설정하고, Currency는 'South Korean Won'을 선택하고 'Next' 버튼을 클릭한다.

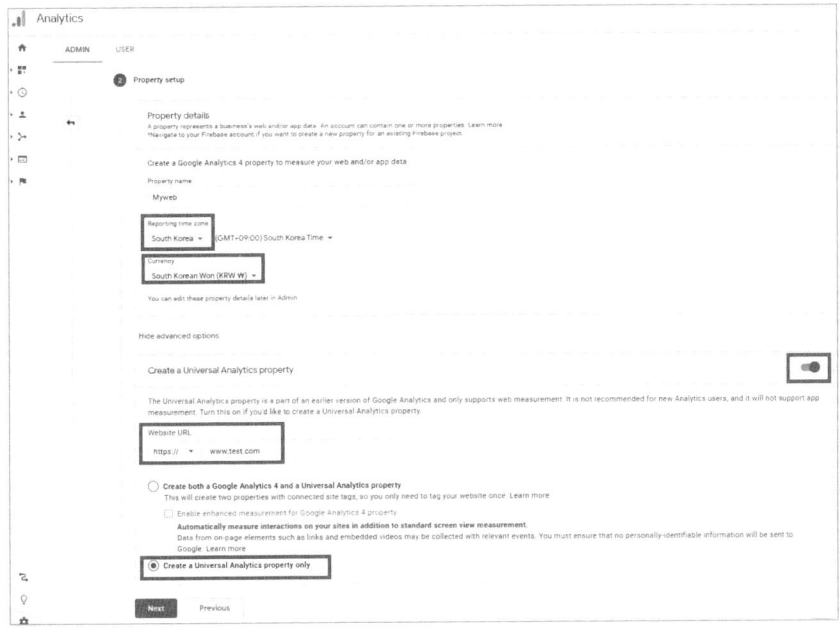

| [도표 29] 구글 애널리틱스 Account 생성 세 번째 세션

F. Business Size를 적절한 값으로 선택하고, 'Create' 버튼을 클릭한다.

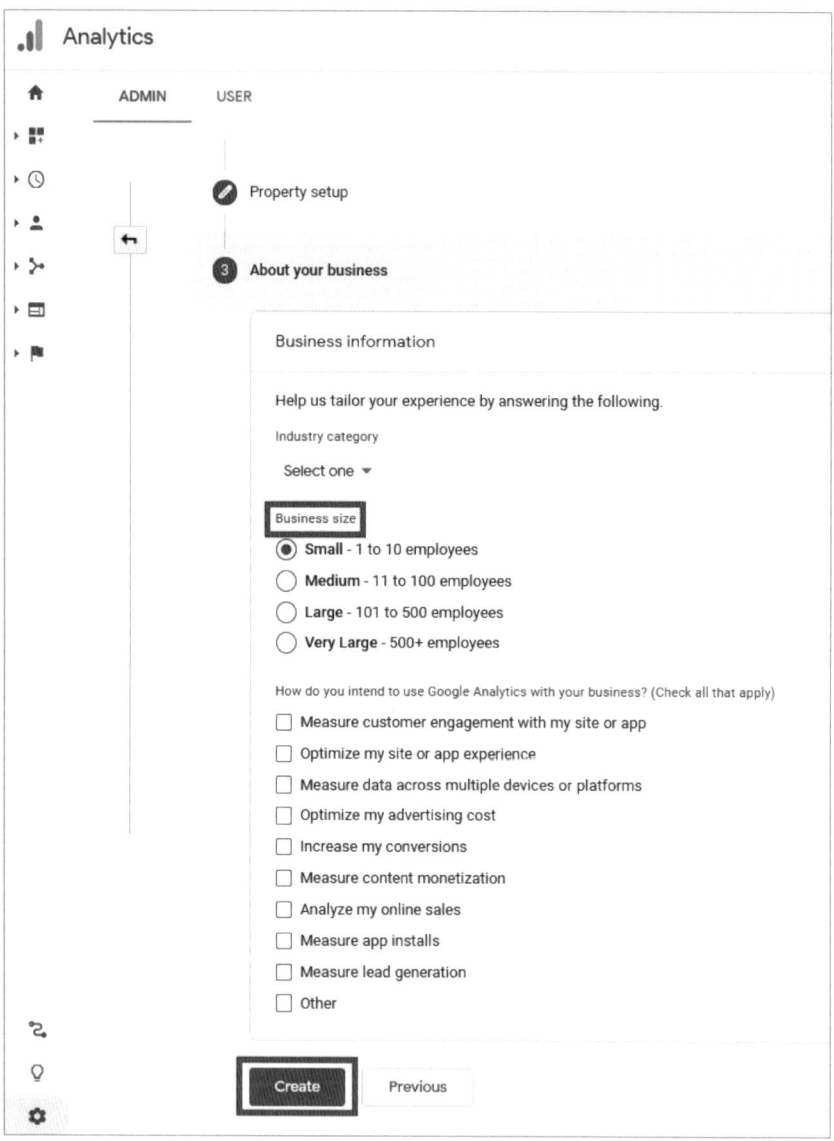

| [도표 30] 구글 애널리틱스 라이센스 동의 화면

G. 서비스 동의서에 모두 체크하고 'I Accept'를 선택한다.

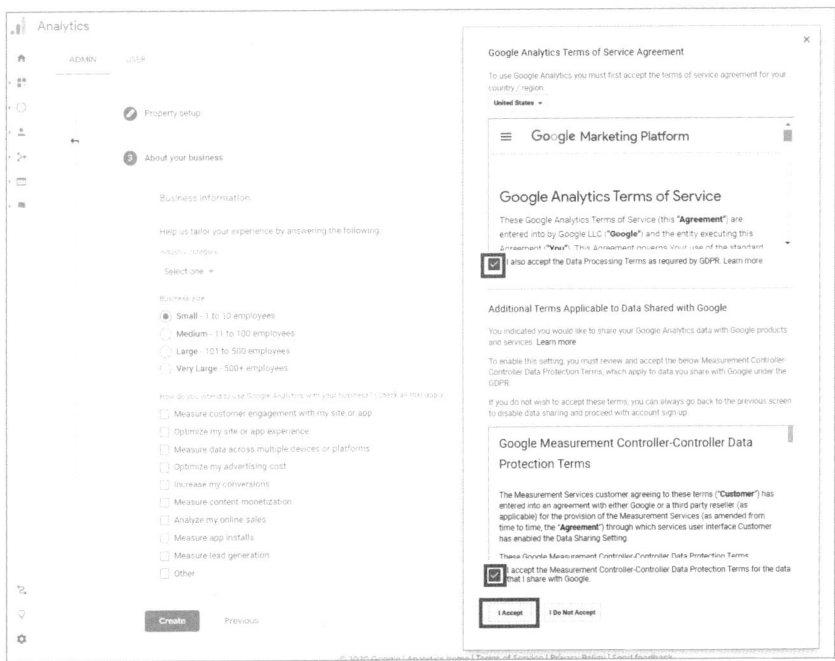

| [도표 31] 구글 애널리틱스 서비스 동의서

[도표 32]의 트래킹 코드를 복사해서 분석 대상 웹 사이트의 모든 HTML 의 〈head〉와 〈/head〉사이에 입력하면 된다. 이렇게 하기 위해서 먼저 분석 대상 웹 사이트의 어드민 사이트로 접속한다. 이곳에서 웹 사이트의 모든 HTML의 〈head〉 영역에 스크립트 코드를 추가할 수 있는 메뉴로 이동한 후, 구글 애널리틱스에서 제공하는 트래킹용 자바 스크립트 코드를 붙여 넣고 저장하면 된다.

데모 사이트와 같이 워드프레스로 만든 홈페이지의 경우에는 이러한 트래킹 코드를 쉽게 관리할 수 있도록 하는 다양한 플러그인을 제공한다. 여기서는 'Insert Headers and Footers'란 플러그인을 사용해서 트래킹 코드를 쉽게 추가할 수 있도록 설정했다.

  H. 생성된 추적 코드를 복사해서 분석 대상 웹 사이트의 'Header' 섹션에 추가하면 웹 분석이 시작된다.

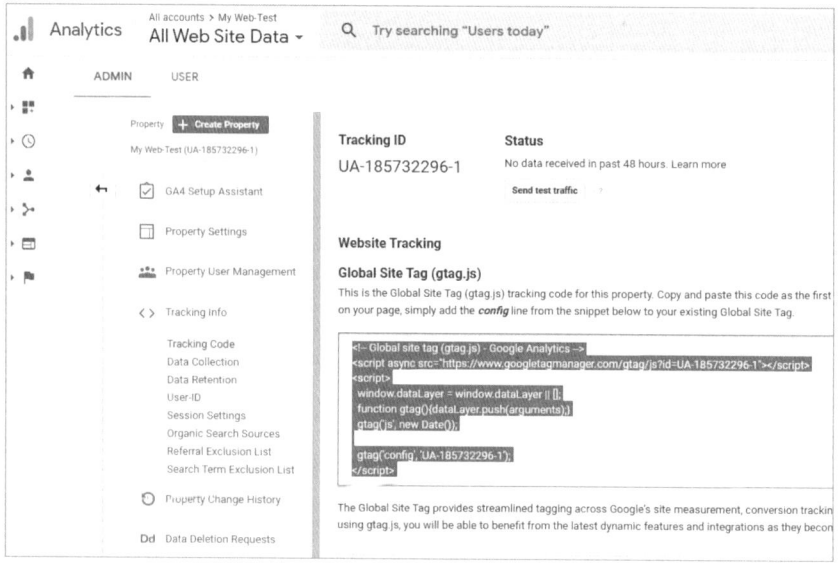

| [도표 32] 실습용 데모 웹 사이트 Tracking 코드 추가 화면

  그런데 분석하고자 하는 분석 대상 웹 사이트가 [도표 32]처럼 〈head〉 영역에 트래킹 코드를 추가할 수 없는 경우도 있을 수 있다. 이런 경우에는 웹 사이트를 개발한 개발자에게 〈head〉 영역에 트래킹 코드를 추가해달라고 요청하면 된다. 웹 사이트 개발자에게 있어 이러한 코드 추가는 한글을 배울 때 '가나다'를 배우는 것처럼 쉬운 일이라고 생각하면 된다.

이제 데모 웹 사이트에 일반 유저 화면으로 접속을 한 후 'F12' 키를 누르면 접속 페이지의 HTML 소스를 함께 볼 수 있는 창이 나온다. 그곳에서 Ctrl+F를 누르면 새로운 검색을 할 수 있는 창이 나온다. 'gaAPI' 또는 'UA'라는 키워드를 입력하면, 구글 애널리틱스 트래킹 코드가 유저의 브라우저까지 정상적으로 전달되었는지를 확인해 볼 수 있다. [도표 33]의 경우처럼 추가한 구글 애널리틱스 트래킹 코드가 유저의 웹브라우저까지 정상적으로 전달되어서 실행되는 것을 확인할 수 있다.

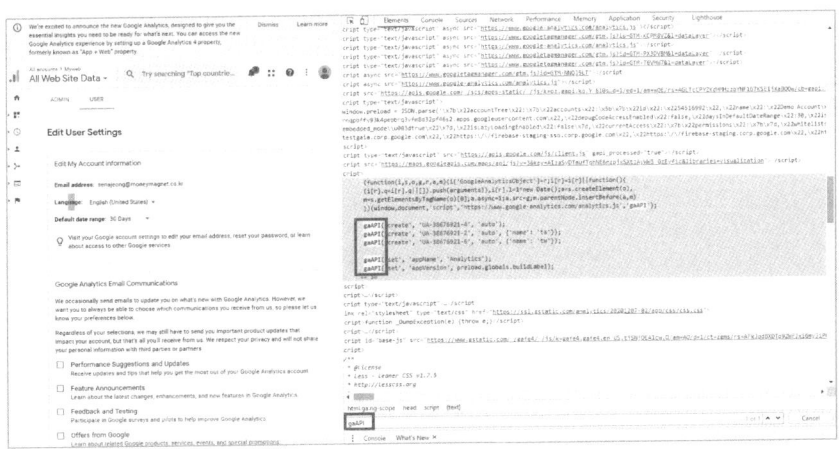

| [도표 33] 구글 애널리틱스 Tracking 코드 실행여부 확인 화면

이와 같은 정보가 유저의 브라우저에 다운로드 된 것을 확인하면 구글 애널리틱스를 활용한 웹 사이트 분석을 위한 기본 트래킹이 정상적으로 설정되었다고 보면 된다.

요약하면, 구글 애널리틱스를 이용해서 분석 대상 웹 사이트를 트래킹 하려면 Configuration이란 과정을 통해서 구글 애널리틱스에 GA Account를 생성하고, 트래킹을 위한 자바 스크립트 코드를 얻어내고, 이 트래킹 코드를 웹 사이트의 〈head〉 영역에 추가하면, 유저가 웹 사이트에 접속할 때마다 트래킹 코드를 다운로드되고 웹 사이트 분석을 위한 다양한 트래킹 작업이 시작된다고 보면 된다. 이 정도만으로도 수십 종의 기본 분석 보고서를 제공받을 수 있으며, 가장 기본적인 셋업이 완료되었다고 보면 된다.

◆ GA Account – Property – View 구조 이해하기

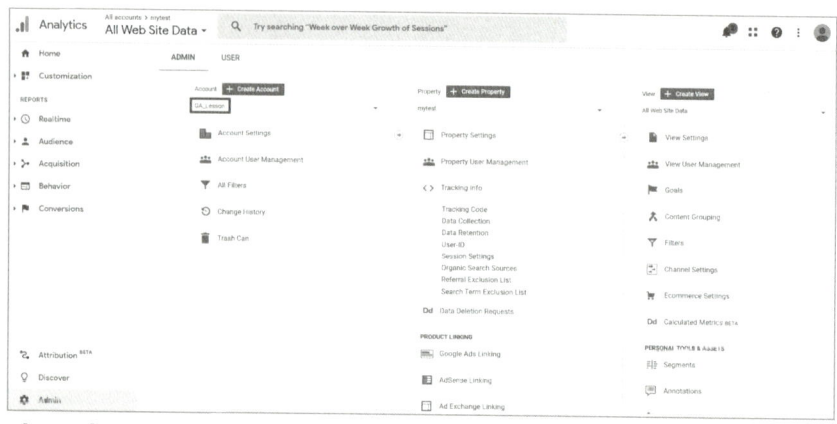

| [도표 34] 구글 애널리틱스 Admin 화면

구글 애널리틱스를 활용해서 웹 사이트나 모바일 앱을 분석하려면 기본 구조 모델링을 진행할 필요가 있다. 분석을 위한 모델링에 필요한 첫 번째 단계가 GA Account를 생성하는 것으로, GA Account는 쉽게 생각하면 구글 애널리틱스에서 관리하고자 하는 회사 정보(또는 프로젝트 정보)라고 생각하면 된다. [도표 34]의 'GA_Lesson'이 바로 GA Account를 모델링한 것이며, 예를 들어 삼성전자라면 Samsung으로, NHN이라면 NHN으로 모

델링하면 된다.

현실 세계를 보면 한 회사가 복수 개의 웹 사이트와 모바일 앱을 관리하는 경우가 많은데, 이러한 웹 사이트/모바일 앱을 모델링하는 것이 바로 Property가 된다. Property는 분석하고자 하는 웹 사이트/모바일 앱의 개수만큼 추가할 수 있다. 데모 예제의 경우 'mytest'가 바로 추가한 웹 사이트를 모델링한 Property가 되며, 이러한 Property를 이용해서 분석 대상 웹 사이트나 모바일 앱을 추가하는 경우 Property를 새로 추가하는 형식으로 분석 대상 웹 사이트와 모바일 앱을 모델링할 수 있다.

그리고 각 Property는 모두 하위에 뷰(View)라는 항목이 추가되는데, 뷰는 하나의 Property에 대한 정보를 분류하는 기준이라고 생각하면 된다. 예를 들어서 분석 대상 웹 사이트가 글로벌 서비스를 제공하는 서비스 지역이 아시아, 미국, 유럽이라고 해 보자. 전 세계의 모든 직원에게 분석 대상 웹 사이트에 대한 접속 권한을 부여할 때, 분석 데이터가 쌓이는 기준 시간을 주요 서비스 지역별 시간대로 설정한 후 아시아 뷰, 유럽 뷰, 미국 뷰와 같이 각 분석 대상 국가별의 시간대로 뷰를 생성하고, 해당 지역 직원들에게는 해당 그 시간대 정보를 가진 뷰에 접속 권한을 부여하는 방식으로 활용할 수 있다.

이외에도 만약 서비스 중인 웹 사이트가 PC용과 모바일용 웹 사이트로 별도 존재하는 경우 유저 트래픽을 PC용 웹 사이트와 모바일용 웹 사이트로 분리해서 분석 가능한 뷰를 설정하는 방법도 가능하다.

즉, 분석 대상 데이터가 실질적으로 쌓이는 영역이 바로 뷰라고 이해하면 된다.

◆ GA View Best Practice 셋업 가이드

구글 애널리틱스를 최초로 셋업하면 기본 뷰는 'All Web Site Data'라는 뷰 한 개만 생성된다. 이 기본 뷰 한 개만을 가지고 데이터를 트래킹하고 의사결정을 위한 뷰로 활용하면, 몇 년 후에는 상당히 큰 리스크가 발생할 수 있다.

↘ All Web Data
- Raw Data View로 아무런 설정 정보를 변경하지 않는 뷰 – 모든 원천 데이터를 보관함

↘ Alpha View - 모바일 앱 이름(또는 사이트명)
- 실험적 기능을 테스트 하기 위한 목적의 뷰 – 검증되지 않은 다양한 실험적 성격의 셋업 진행

↘ Beta View - 모바일 앱 이름(또는 사이트명)
- Alpha View에서 어느 정도 검증된 설정 값을 적용한 뷰 – 실제 Operation 적용 전에 검증 목적으로 활용

↘ Live View - 모바일 앱 이름(또는 사이트명)
- Alpha, Beta 단계를 거쳐 검증된 설정 값을 적용해서 라이브 서비스 분석에 활용하는 뷰 – 실 서비스 데이터를 분석 후 보고서를 생성하거나 의사결정에 활용함

| [도표 35] 구글 애널리틱스 View 셋업 가이드

효율적인 운영을 위해 구글 애널리틱스 유저 그룹에서 추천하는 View 운영 방법은 다음과 같다.

All Web Site Data는 원천 데이터를 쌓기 위한 뷰로 생성 후에 전혀 이 뷰를 활용하지 않고, 추가로 Alpah View, Beta View, Live View를 만들어 활용하기를 추천한다.

실제 All Web Site Data 하나로 사용한다고 해도 초기 사용에는 큰 문제가 되지 않는다. 그러나 3~5년 정도 데이터 분석을 꾸준히 진행하는 경우, 몇 년 후에 데이터가 왜곡되어서 의사결정에 활용할 것인지를 결정하기 어려워질 수 있다. 그러한 문제를 사전에 방지하기 위해서 All Web Site Data 뷰 이외에 Alpha View, Beta View, Live View, Best Practice View 형식으로 추가 뷰를 셋업해서 활용하기를 추천하는 것이다.

All Web Site Data View는 원천 데이터를 보관하기 위한 백업 용도로 활용하고, Alpha View와 Beta View는 테스트 셋업이나 신입사원 입사 시에 구글 애널리틱스를 학습하기 위한 용도로 제공한다. 즉, 구글 애널리틱스를 학습하는 과정에서 여러 가지 기능 테스트를 진행해야 하는데, 데이터 왜곡 여부 등이 자신이 없는 경우 Alpha View를 사용하고, 조금 더 검증되었다는 생각이 들면 Beta View를 활용해 추가 테스트를 진행할 수 있다.

그리고 Alpha View와 Beta View의 테스트 후 검증된 셋업을 Live View에 진행하고, Live View를 의사결정에 활용할 것을 추천하는 것이 바로 Best Practice View 셋업인 것이다.

◆ GA Best Practice View 생성하기

초기 GA Account 셋업을 진행하면 GA Account - Property - View가 각각 1개씩 생성되며, 자동으로 생성된 View는 'All Web Site Data'이다.

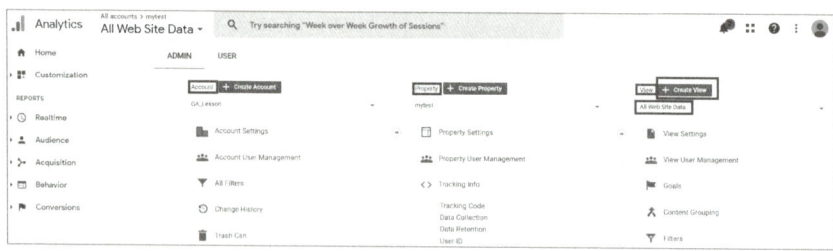

[도표 36] 구글 애널리틱스 View 생성 시작 화면

View 항목 옆 'Create View' 버튼을 클릭하면 New Reporting View 항목이 나온다. New Reporting View 항목에서 입력 컬럼에 정보를 아래와 같이 선택하거나 입력하고 하단의 'Create View' 버튼을 선택한다.

- What data should this view track?: Website

- Reporting View Name: Alpha View - mytest

- Reporting Time Zone: South Korea (GMT+09:00) Seoul

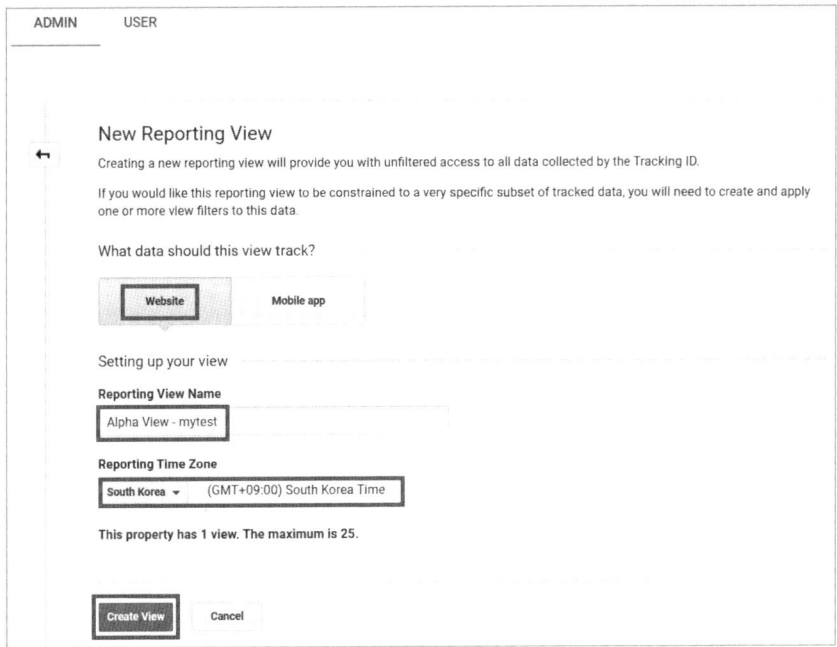

| [도표 37] Alpha View – mytest View 셋업 화면

Alpha View – mytest라는 이름의 신규 View가 생성된 것을 확인한다.

| [도표 38] View 생성 확인 화면

같은 방식으로 Reporting Time Zone을 'South Korea'로 설정해서 'Beta View – mytest'와 'Live View – mytest'를 생성한다.

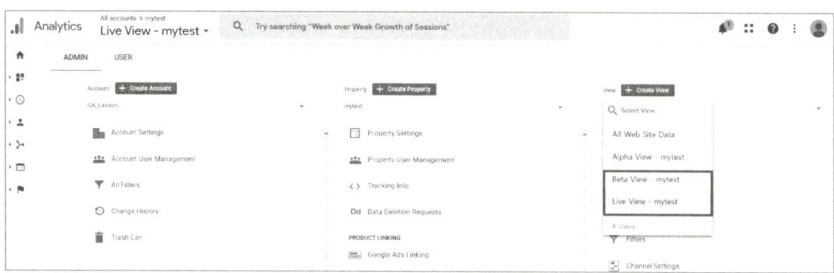

| [도표 39] Alpha, Beta, Live View 생성 확인 화면

만약 미국 지사의 직원들로 하여금 웹 사이트에 대한 데이터 분석을 진행하도록 하려면 Reporting Time Zone을 'United States'로 설정한 US View를 생성하면 된다.

| [도표 40] US View 생성 확인 화면

[도표 40]과 같이 다섯 개의 View를 설정한 경우, 오늘 밤 12시가 되면 4개의 View(All Web Site Data, Alpha View, Beta View, Live View)에는 한국 시간을 기준으로 동일한 데이터가 쌓이며, 1개의 View(US View)는 미국 시간을 기준으로 밤 12시에 데이터가 쌓인다.

즉, 구글 애널리틱스의 실제 데이터가 쌓이는 곳이 View이며, 당일 데이터는 밤 12시를 기준으로 배치 작업을 거쳐 실제 데이터베이스에 반영된다. 따라서 View에서 데이터를 조회할 수 있는 기준은 오늘 데이터를 제외한 하루 전 데이터까지이다.

구글 애널리틱스는 의사결정을 위한 전반적인 경향성(우상향, 좌하향 등)을 분석하는 용도로 많이 활용하기 때문에 오늘의 데이터가 전체 분석 데이터에 포함되지 않는다고 해서 의사결정에 큰 영향을 끼치지는 않는다.

◆ 생성된 View 활용하기

구글 애널리틱스의 데이터 분석을 위해 트래킹된 데이터가 쌓이는 기본 단위가 View이고, 여기에 쌓인 데이터를 기반으로 구글 애널리틱스 보고서가 생성된다. 즉 구글 애널리틱스가 제공하는 다양한 보고서는 선택한 View의 데이터를 기반으로 기준 데이터 정보를 표현한다고 이해하면 된다.

Reporting 메뉴를 선택한 후에는 우측 상단의 View 선택 영역을 활용해서 보고서에서 기본적으로 활용하고지 하는 기준 View를 선택해야 한다. 여기서는 'Live View - mytest'를 선택했으며, 보고서를 조회하다가 기준 데이터를 변경하고 싶으면 화면 상단의 View 표시 옆의 드롭다운을 클릭해서 원하는 View를 선택하면 된다.

| [도표 41] View 선택 화면

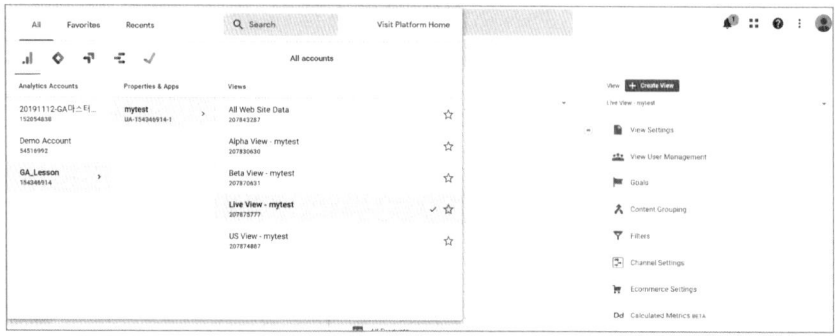

| [도표 42] View 선택 상세 화면

GOOGLE
ANALYTICS

CHAPTER

05

구글 애널리틱스 기본 활용

구글 애널리틱스 기본 활용

데이터 분석에서의 구글 애널리틱스 역할

데이터 분석에서 구글 애널리틱스의 역할은 데이터 트래킹(Data Tracking)과 트래킹된 데이터를 기반으로 분석에 유용한 보고서를 제공하는 것이라 할 수 있다.

데이터 트래킹이란, 수치로 표현 가능한 수많은 지표들을 구글 애널리틱스가 자동으로 수집해서 데이터베이스에 저장하는 것을 말한다. 그리고 구글 애널리틱스의 보고서 시스템은 저장된 수치 값을 기반으로 실제 분석을 위한 기본 보고서를 제공한다.

데이터 분석이란, 제공되는 기본 보고서를 기반으로 해서 데이터 분석가가 다양한 데이터 분석 작업을 통해 실제 의사결정이 가능한 인사이트를 도출해 내는 일이라 할 수 있다.

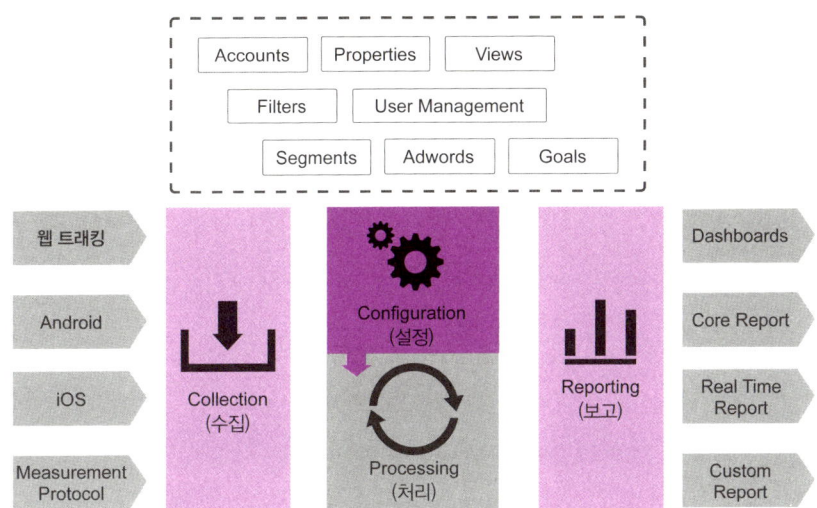

[도표 43] 구글 애널리틱스 실행 구조

◆ Collection 레이어 이해하기

[도표 43]의 구글 애널리틱스의 실행 구조를 살펴보면, 데이터를 수집하는 'Collection' 레이어, 관리자로서 구글 애널리틱스를 다양하게 설정하는 'Configuration' 레이어, 설정된 값에 따라서 구글 애널리틱스가 값을 처리하는 'Processing' 레이어, 보고서를 만들어 제공하는 'Reporting' 레이어로 구글 애널리틱스 실행 구조가 구성된다.

'Collection' 레이어는 기본적으로 웹 사이트와 모바일 앱(안드로이드 & iOS)을 트래킹할 수 있도록 해 주며, 이 외에도 냉장고, 세탁기와 같이 앞으로 인터넷에 연결될 가능성이 높은 다양한 IoT 디바이스들에 대해서도 데이터 트래킹이 가능하도록 하는 Measurement Protocol을 제공한다.

◆ Configuration 레이어 이해하기

'Collection' 레이어를 통해서 데이터를 수집한 다음에 구글 애널리틱스를 활용한 분석 작업을 진행하기 위해서는 'Configuration'이란 것을 진행해야 하는데, 이는 관리자로서 다양한 셋업을 하는 일이라고 생각하면 된다. 이전 챕터에서 생성했던 회사나 프로젝트를 모델링하는 GA Account를 생성하거나, 측정 대상 웹 사이트나 모바일 앱을 모델링하는 Property를 만들거나, 분석 대상 웹 사이트나 모바일 앱에 대한 실질적인 정보를 저장하는 View를 어떻게 생성할 것인지 관리하는 일이라 할 수 있다.

이 외에도 Filter를 활용하면 View에 저장되는 정보를 가공해서 데이터에 수정을 가하는 방식으로 효율적인 분석이 가능하도록 할 수 있다. 예를 들어 마케팅 캠페인 진행시 트래픽 유입 소스로 표현되는, 대문자를 사용하는 Naver와 소문자를 사용하는 naver는 데이터 관점으로 봤을 때 전혀 다른 정보라 할 수 있다. 그러나 데이터 분석가 입장에서 봤을 때, 이 두 가지 데이터를 동일한 트래픽 유입 소스로 해석하고 싶다면 데이터를 View에 쌓을 때 모두 소문자로 쌓도록 하는 식으로 Filter를 활용하여 데이터를 가공함으로써 데이터 분석을 조금 더 용이하게 할 수 있다.

User Management는 구글 애널리틱스의 분석 정보에 접속하는 유저들에 대한 권한 관리 역할이라 할 수 있다. 신입사원이 들어왔을 때 회사의 구글 애널리틱스 분석 데이터의 어떤 부분에 접속할 수 있도록 하고, 어떤 부분에는 접속하지 못하도록 하는 접속 권한 등을 관리하는 것이라 보면 된다.

그리고 Goal은 트래픽 데이터를 쌓을 때 분석 대상 웹 사이트의 주요 운영 목적을 구글 애널리틱스에게 학습시켜서, 학습시킨 목적(Goal) 중심으로 데이터 분석이 가능하도록 하는 역할이라 할 수 있다. 구글 애널리틱스는 기본적으로 분석 대상 웹 사이트가 유저에게 서비스를 제공하는 데 있어서 '구매완료'가 제일 중요한 것인지, '페이지뷰'를 많이 보는 것이 제일 중요한 것인지, 혹은 '구독자 확보'가 제일 중요한 것인지와 같은 질적 지표를 분석할 수 있는 방법이 없다. 따라서 질적 지표 중심의 데이터 분석을 진행하기 위해서는 구글 애널리틱스에게 Goal 셋업이란 방식으로 질적 지표를 설정해서 학습시켜야 하며, 이 일이 데이터 트래킹 셋업 이후에 가장 중요한 분석 셋업 과정이라고 할 수 있다. 목표(Goal) 설정 방법에 대해서는 뒤에서 조금 더 자세히 살펴보자.

Segment는 데이터 분석을 위해 가설을 모델링할 때 필요한 요소를 가리킨다. 분석 대상 웹 사이트의 핵심 고객이 '25~34세의 서울, 거주 기술이 관심사인 남성'이라고 한다면, 실제 이러한 페르소나를 Segment를 활용해서 모델링 할 수 있다. 그 후, 이 Segment를 보고서에 적용해서 같은 유형인 고객들의 '구매 전환율'을 측정하는 방식으로 가설 검증을 진행하는 것처럼 고급분석을 진행하는 역할을 한다. 이와 같이 관리자 관점에서 데이터 분석을 위해 다양한 설정 정보를 관리하는 영역을 Configuration이라 한다.

Configuration 레이어를 전략적으로 활용하는 방법은 뒤에서 자세히 살펴볼 것이며 이를 이해하고 적용하면 상당히 의미 있는 데이터 분석이 가능해질 것이다.

◆ **Processing 레이어 이해하기**

관리자로서 구글 애널리틱스를 셋업하는 Configuration 과정을 마치고 나면 설정값에 따른 보고서를 최종적으로 만들게 된다. 이것이 Processing 레이어이다. Processing 레이어는 Configuration 정보에 최적화된 보고서를 만들기 위하여 내부 처리(Processing)를 진행하고, 그 결과로 분석 보고서를 만들어 제공하는 역할을 담당한다.

◆ Reporting 레이어 이해하기

Reporting 레이어는 이런 과정을 통해 생성된 보고서 유형을 데이터 분석가에게 제공하는 역할을 담당한다. 기본적으로 구글 애널리틱스가 제공하는 보고서 유형을 Core Report라고 부르며, 아래와 같은 다섯 가지 유형 보고서를 제공한다.

- Realtime(실시간) 보고서: 실시간으로 사이트에 접속한 유저들에 대한 정보를 제공하는 보고서로, 실시간 접속 유저들이 어떤 접속 경로를 통해 사이트에 유입되고 어떤 콘텐츠를 소비하고 있는지 제공한다.

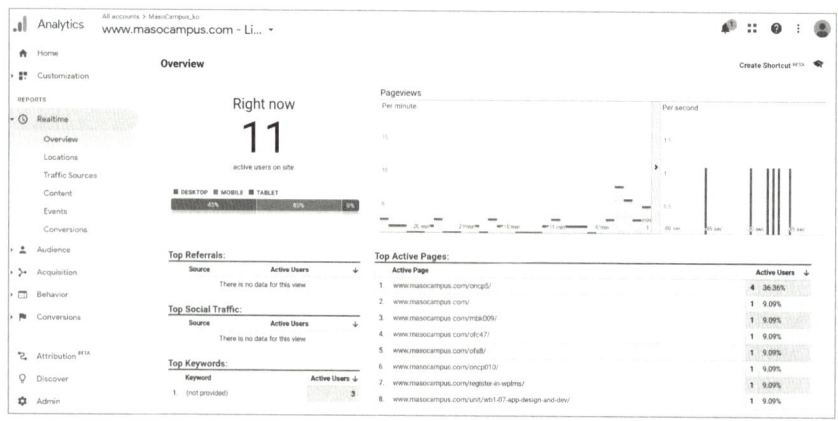

| [도표 44] 구글 애널리틱스 실시간 보고서(Realtime Report) 화면

세부 보고서로는, 방문자의 접속 지역 중심의 Location 보고서, 유입된 트래픽 경로 중심의 Traffic Sources 보고서, 현재 이용 중인 콘텐츠 중심의 Contents 보고서, 실시간 발생 이벤트 중심의 Events 보고서와 현재 목표로 하는 전환이 발생되었는지를 보여주는 Conversions 보고서가 있다.

- 잠재 고객(Audience) 보고서: 사이트에 유입된 고객에 대한 상세 정보를 제공하는 보고서로, 잠재 고객의 접속 위치(서울, 부산 등), 브라우저 유형, 모바일 디바이스 및 사이트 서비스 제공 영역(예: 교육, 엔터테인먼트 등)에 대한 경쟁사 대비 벤치마킹 보고서 등을 제공한다.

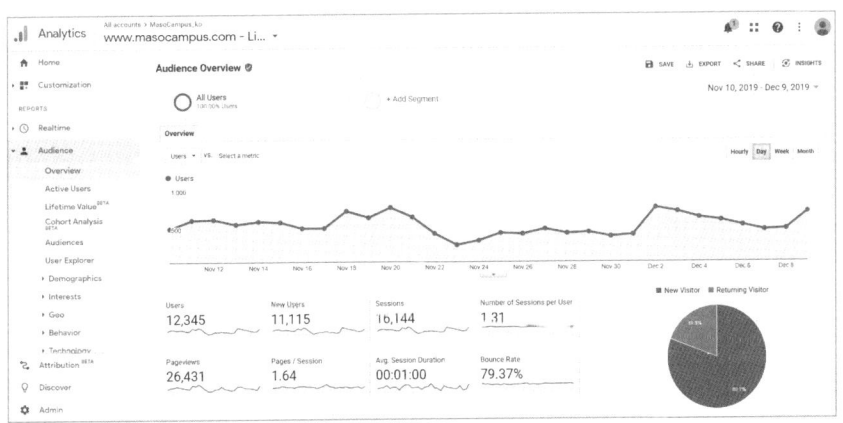

| [도표 45] 구글 애널리틱스 잠재 고객 보고서(Audience Report) 화면

세부 보고서로 웹 사이트로 들어온 유저 수를 파악하는 Active Users 보고서, 유입된 유저의 성별, 연령대와 같은 인구통계 정보를 제공하는 Demographics 보고서, 구글 Double Click을 통해 파악한 접속자의 주요 관심사 정보를 제공하는 Interests 보고서, 지역 및 언어 정보를 제공하는

Geo 보고서, 신규 방문 및 재방문 여부와 방문 빈도 등에 대한 정보를 제공하는 Behavior 보고서, 방문자의 브라우저나 OS, 접속 네트워크 경로와 같은 기술 정보를 제공하는 Technology 보고서, 방문자가 접속하는 모바일 디바이스와 같은 정보를 제공하는 Mobile 보고서, Property에 설정한 웹 사이트의 Industry Category 정보에 따라 타 사이트 대비 분석 대상 웹 사이트의 유저 유입 및 활동성 정보를 제공하는 Bechmarking 보고서, 유저가 어느 페이지에 처음으로 접속해서 다른 페이지로 가는 흐름을 보여주는 Users Flow 보고서를 제공한다. 또한 현재 베타 버전으로 Lifetime Value, Cohort Analysis, Cross Device 보고서를 제공 중이다.

- 획득(Acquisition) 보고서: 사이트 방문 잠재 고객들이 어떻게 우리 사이트에 유입되었는지에 대한 상세 정보를 제공한다. 예를 들어, 채널 보고서(Channel Report)에서는 우리 사이트에 잠재 고객들이 방문한 경우 '브라우저에 URL을 입력하고 직접 방문했는지', '검색엔진의 유료 키워드 검색을 통해서 방문했느지', '페이스북이나 트위터를 통해서 유입되었는지', '배너광고를 클릭하고 유입되었는지'와 같은 유입 경로에 대한 다양한 정보를 제공한다.

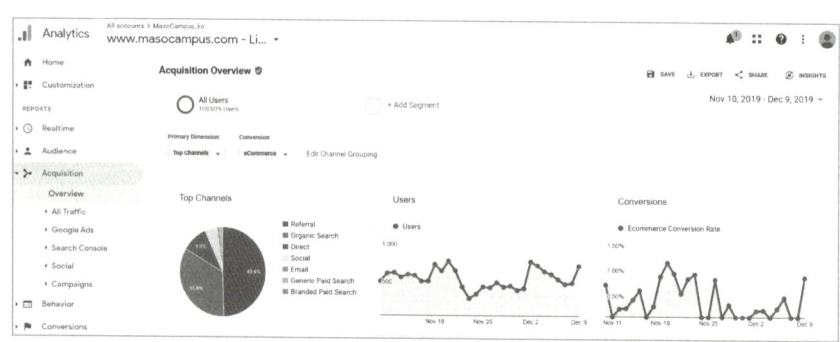

| [도표 46] 구글 애널리틱스 획득 보고서(Acquisition Report) 화면

세부 보고서로는 방문자 유입 채널에 대한 다양한 정보를 제공하는 All Traffic 보고서, 구글 애드워즈를 통해 진행한 다양한 광고 캠페인에 대한 상세 정보를 제공하는 Google Ads 보고서, 구글 Search Console과 연동해서 상세한 검색엔진 최적화(SEO) 정보를 제공하는 Search Console 보고서, SNS를 통한 콘텐츠 공유 및 Data Hub 정보를 제공하는 Social 보고서, 다양한 디지털 마케팅 캠페인(네이버 검색광고, 배너광고, 페이스북 콘텐츠나 페이스북 광고 등)에 대한 사이트 유입 및 성과 분석을 가능하게 하는 Campaigns 보고서를 제공한다.

- 방문 형태(Behavior) 보고서: 유입된 유저들이 우리 사이트에서 어떤 콘텐츠 소비 패턴을 보이는지에 대한 정보를 제공한다. 예를 들어, [도표 47]의 행동 흐름 보고서(Behavior Flow Report)는 구글에서 검색어를 입력하고 고객이 방문했을 때 사이트 내의 콘텐츠를 어떤 방식으로 소비하고 이탈하는지에 대한 정보를 제공한다.

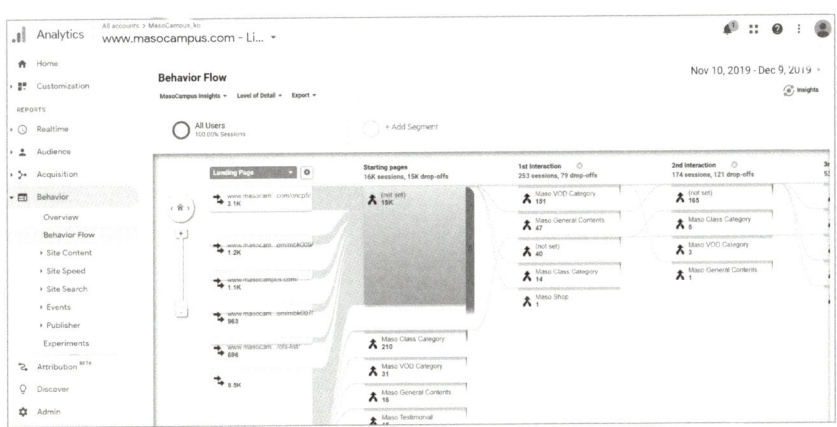

| [도표 47] 구글 애널리틱스 행동 흐름 보고서(Behavior Flow Report) 화면

세부 보고서로는 방문자의 웹 사이트 페이지 이용 패턴이나 모바일 앱 화면 이용 패턴 정보를 제공하는 Behavior Flow 보고서, 웹 사이트로의 트래픽 유입이나 마지막으로 이용하고 방문자가 이탈하는 정보 등을 제공하는 Site Content 보고서, 웹 사이트 퍼포먼스 정보를 제공하는 Site Speed 보고서, 방문자의 웹 사이트 내부 검색 이용 패턴 정보 등을 제공하는 Site Search 보고서, 방문자가 발생시키는 이벤트 정보를 제공하는 Events 보고서, 구글 AdSense나 Ad Exchange와 연동해서 광고 효과 등에 대한 정보를 제공하는 Publisher 보고서를 제공한다.

- **전환(Conversions) 보고서**: 트래픽과 같은 양적 지표 이외에 사이트 운영에서 가장 중요시되는 KPI를 기준으로 질적 분석 지표에 대한 보고서를 제공한다. 예를 들어, 마소캠퍼스의 경우 사이트 운영에서 제일 중요시하는 지표는 '강좌 구매' 이다. 즉, '구매완료'를 기준으로 했을 때 유저들이 어떤 경로를 통해서 장바구니에 유입되는지 그리고 구매

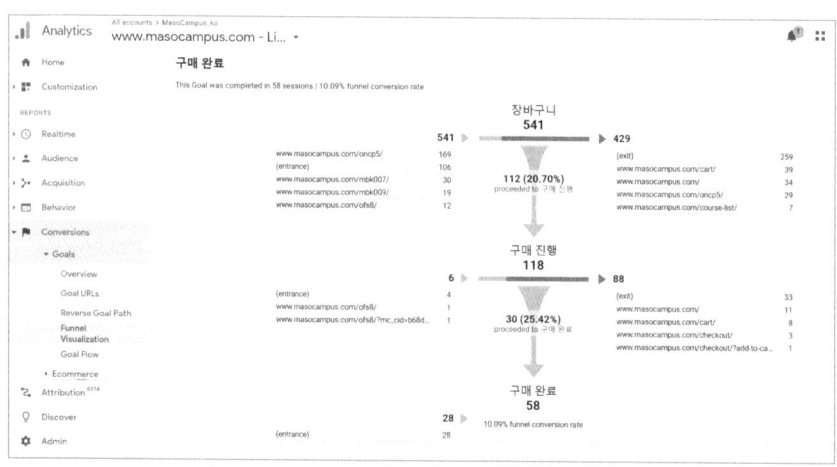

| [도표 48] 구글 애널리틱스 전환 보고서(Conversions Report) 화면

진행을 하는 유저 비율이 어떻게 되고, 실제 구매 완료까지 진행되는 비율이 어떻게 되는지와 같은 구매 완료 기준의 퍼널 분석(Funnel Analysis) 보고서를 제공한다.

세부 보고서로 웹 사이트 운영에서 중시하는 목표(Goal)를 설정한 후, 세팅한 목표에 해당하는 상세 정보를 제공하는 Goals 보고서, 쇼핑몰 웹 사이트에 대한 실제 많이 판매되는 상품이나 상품별 상세 구매 정보를 제공하는 Ecommerce 보고서, 방문자가 유입되는 디지털 경로별로 목표 전환에 대한 자세한 영향력 정보 등을 제공하는 Multi-Channel Funnels 보고서를 제공한다.

- Attribution 기능

  현재 베타 버전으로 나와 있는 Attribution은 전환이 발생한 모든 광고 클릭에 크레딧을 정확히 분배하는 data-driven attribution model을 무료로 지원하며, attribution 모델을 비교하여 cross-channel과 캠페인 수준 예산 결정을 내리는 credit shift analysis 기능과 cross-channel 유입에서 여러 번의 클릭으로 상위 퍼널 구조에서의 가치를 알려주는 기능을 제공한다.

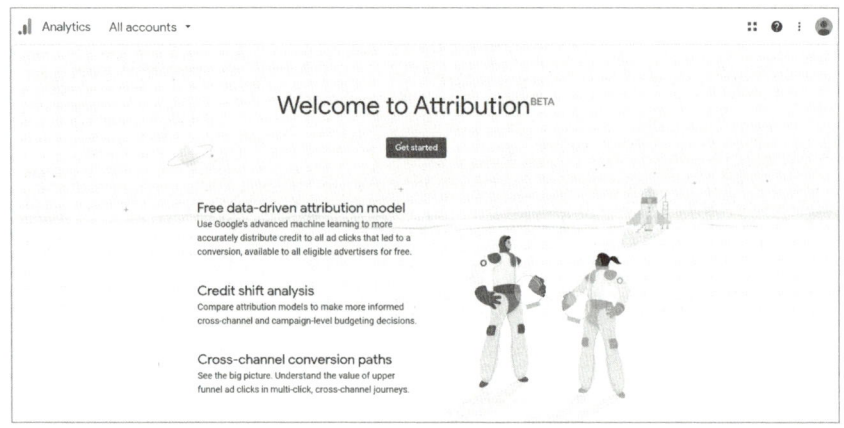

| [도표 49] 구글 애널리틱스 Attribution Beta 버전 화면

웹 사이트나 안드로이드 앱, iOS 앱과 같은 모바일 앱을 대상으로 분석을 위한 다양한 정보를 트래킹한 후 데이터 분석가가 자신의 분석 목적에 따라 다양한 정보 설정을 진행하고, 해당 설정 정보에 따라 다양한 보고서를 제공하는 것이 구글 애널리틱스의 실행 구조이다.

Core Report를 활용한 기본 분석 진행하기

구글이 제공하는 보고서는 유저가 웹 사이트나 모바일 앱을 이용하는 과정에서 추출된 행동 데이터에 불과하다. 그래서 데이터 분석가가 이런 행동 데이터 보고서를 보고 의사결정이 가능한 실행 보고서를 만들어내는 데이터 분석을 진행하고는 한다.

그런데 실제 Core Report를 실행해 보면 보고서에 데이터가 하나도 보이지 않는다. 왜 생성된 보고서에 데이터가 보이지 않는 것일까? 그 이유는 현재 기본 셋업을 진행한 후 실제 유저가 사이트를 이용한 실제 데이터가 아직 쌓이지 않았기 때문이다. 분석을 위한 실 데이터가 쌓이지 않은 상태이기 때문에 구글 애널리틱스가 제공하는 다섯 가지 유형의 보고서에 대한 형식은 볼 수 있지만 실제 의미 있는 값들은 볼 수 없다.

이 점으로 인해 구글 애널리틱스를 처음으로 학습하는 입장에서는 데이터 분석을 학습하기에 큰 어려움이 생기고는 한다. 그래서 이 책에서는 구글 애널리틱스 기본 보고서에 유의미한 데이터가 어떻게 표현되는지 볼 수 있도록 수년간의 분석 데이터를 확보한 실제 서버 보고서를 가지고 기본 분석을 진행하는 방법을 살펴볼 예정이다.

◆ 실시간(Realtime) 보고서

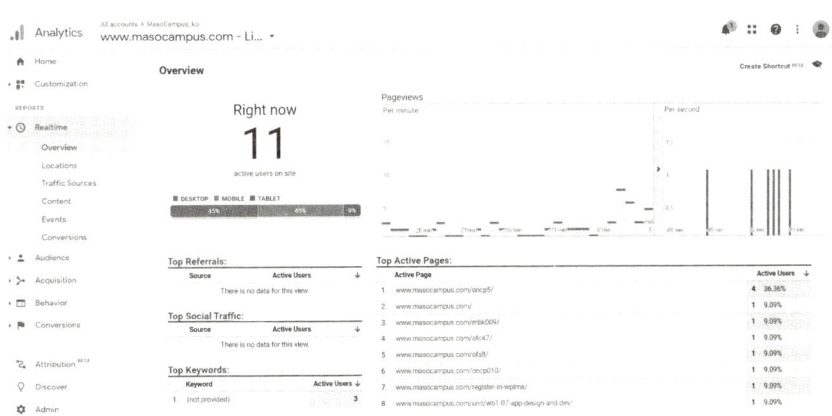

| [도표 50] 구글 애널리틱스 실시간 보고서(Realtime Report) 화면

실시간(Realtime) 보고서는 분석 대상 웹 사이트 혹은 모바일 앱에 실시간으로 접속한 방문자에 대한 정보를 보여주는 보고서이다. 위 [도표 50]의 경우 현재 접속한 방문자가 열한 명이고, 현재 유저들이 제일 많이 보고 있는 콘텐츠는 '디지털 마케팅/데이터 분석 VOD 올인원 – 전강의 프리패스'라는 정보를 제공한다. 이외에도 실시간 보고서는 실시간으로 접속한 다양한 유저 정보를 제공한다.

◆ 잠재 고객(Audience) 보고서

↘ Audience(잠재고객) 보고서

- 실제로 사이트 유입이 이루어진 유저에 대한 인구통계학적 정보와 지역, 언어, 사용 기술 정보를 통해 유저의 일반적인 모습을 추정해낼 수 있는 보고서
- 유저 관심사 정보를 통해 접속한 유저들의 일반적인 성향까지 추정해 볼 수 있음
- 이 보고서를 활성화하기 위해서는 Property에서 'Enable Demographics'를 설정해야 함

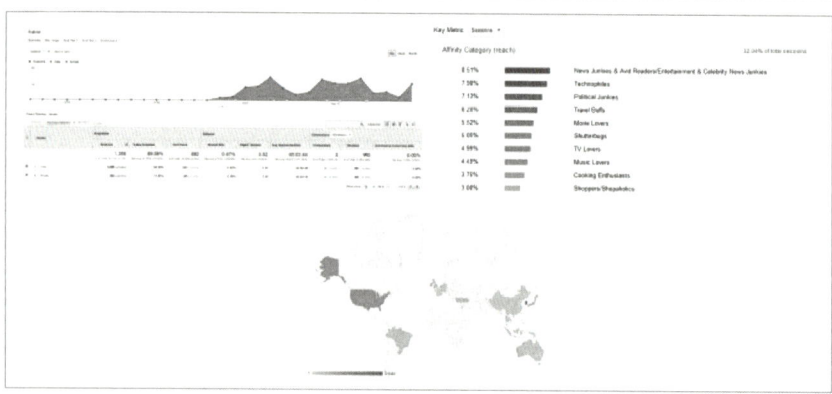

[도표 51] 구글 애널리틱스 잠재 고객 보고서(Audience Report) 설명

이 보고서는 잠재 고객(Audience)과 관련된 다양한 정보를 제공한다. [도표 52]의 Geo 하단 Location 정보에서 접속자의 지역적 분포도를 보면 전 세계

적인 접속자 분포도를 제공하는데, 한국에서의 접속이 압도적으로 많은 것을 확인할 수 있다.

| [도표 52] 잠재 고객 보고서 중 Geo – Location 보고서 화면

[도표 53]과 같이 나라를 클릭하면 각 나라에서 지역별 방문 정보를 볼 수 있는데, 현재 분석 대상 웹 사이트의 경우 한국에서는 서울에서의 방문자 분포가 가장 높으며 그다음은 경기도라는 정보를 확인할 수 있다.

| [도표 53] 나라 클릭 시 나오는 지역별 방문 정보 화면

5. 구글 애널리틱스 기본 활용   101

[도표 54]의 Technology – Browser & OS 보고서를 보면 접속하는 사람들이 어떤 브라우저로 접속하는지 알 수 있다. [도표 54]의 분석 대상 웹 사이트는 구글 크롬과 삼성 인터넷을 통해 접속한 방문자가 많음을 알 수 있다. 특히 크롬으로 접속하는 사람들이 가장 많다.

Browser	Users	New Users	Sessions	Bounce Rate	Pages / Session	Avg. Session Duration	Transactions	Revenue	Ecommerce Conversion Rate
	12,345 % of Total 100.00% (12,345)	11,115 % of Total 100.00% (11,115)	16,144 % of Total 100.00% (16,144)	79.37% Avg for View: 79.37% (0.00%)	1.64 Avg for View: 1.64 (0.00%)	00:01:00 Avg for View: 00:01:00 (0.00%)	54 % of Total 100.00% (54)	₩3,046,300 % of Total 100.00% (₩3,046,300)	0.33% Avg for View: 0.33% (0.00%)
Chrome	6,172 (49.69%)	5,435 (48.90%)	8,244 (51.07%)	78.23%	1.72	00:01:08	43 (79.63%)	₩2,336,300 (76.69%)	0.52%
Samsung Internet	1,790 (14.41%)	1,440 (12.96%)	2,638 (16.34%)	79.76%	1.46	00:00:51	0 (0.00%)	₩0 (0.00%)	0.00%
Safari	1,778 (14.32%)	1,706 (15.35%)	2,078 (12.87%)	88.64%	1.29	00:00:30	4 (7.41%)	₩230,000 (7.55%)	0.19%
Android Webview	962 (7.75%)	910 (8.19%)	1,100 (6.81%)	86.00%	1.36	00:00:18	1 (1.85%)	₩36,000 (1.18%)	0.09%
Internet Explorer	887 (7.14%)	841 (7.57%)	1,171 (7.25%)	60.80%	2.46	00:02:14	6 (11.11%)	₩444,000 (14.58%)	0.51%
Safari (in-app)	515 (4.15%)	486 (4.37%)	568 (3.52%)	80.81%	1.44	00:00:37	0 (0.00%)	₩0 (0.00%)	0.00%
Edge	119 (0.96%)	105 (0.94%)	145 (0.90%)	77.93%	1.65	00:00:25	0 (0.00%)	₩0 (0.00%)	0.00%
Firefox	59 (0.48%)	55 (0.49%)	63 (0.39%)	84.13%	1.73	00:01:17	0 (0.00%)	₩0 (0.00%)	0.00%
[FBAN	49 (0.39%)	49 (0.44%)	49 (0.30%)	100.00%	1.00	00:00:00	0 (0.00%)	₩0 (0.00%)	0.00%
Android Browser	40 (0.32%)	40 (0.36%)	40 (0.25%)	97.50%	1.02	00:00:19	0 (0.00%)	₩0 (0.00%)	0.00%

| [도표 54] 잠재 고객 보고서 중 Technology – Browser & OS 보고서 화면

Technology – Network 보고서로는 방문자들이 분석 대상 웹 사이트까지 방문할 때 접속하는 주요 물리적인 네트워크망을 알 수 있고, [도표 55]의 경우에는 대부분이 Korea telecom이나 SK이다.

| [도표 55] 잠재 고객 보고서 중 Technology – Network 보고서 화면

Mobile – Devices 보고서에서는 방문자들이 모바일 디바이스에서 접속할 경우 사용하는 단말기에 대해서 알 수 있다. 분석 대상 웹 사이트의 경우 아이폰을 통한 모바일 접속 빈도가 가장 높고, 그 이외에는 주로 삼성 단말기를 통해 방문자 접속이 이루어진다는 것을 확인할 수 있다.

| [도표 56] 잠재 고객 보고서 중 Mobile – Devices 보고서 화면

◆ 획득(Acquisition) 보고서

Acquisition(획득) 보고서

- 유저들이 내 사이트나 앱에 어떻게 오게되었는지에 대한 정보를 제공
- 웹 사이트 운영 시 대부분의 운영 비용은 마케팅 캠페인을 통해 특정 랜딩 페이지에 유저가 방문하도록 유도하는 데 사용되기 때문에 Marketing ROI 측정에 필수적인 보고서
- 배너광고, 콘텐츠 마케팅 채널 운영, 이메일 마케팅, 검색 광고 등의 다양한 마케팅 캠페인 활동 중 어떤 활동이 고객 확보나 Goal 전환에 기여를 했는지에 대한 상세 정보를 제공해줌

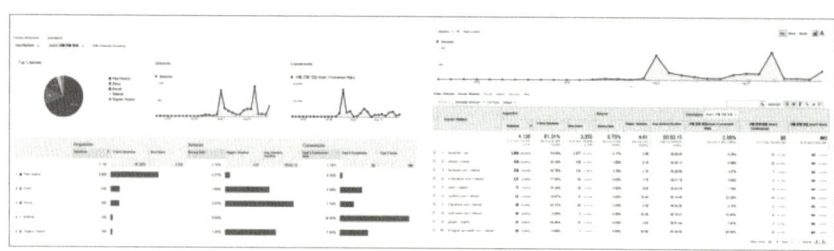

[도표 57] 구글 애널리틱스 획득 보고서(Acquisition Report) 설명

획득(Acquisition) 보고서는 분석 대상 웹 사이트에 방문한 방문자들이 어떤 디지털 트래픽 경로를 통해서 유입되었는지에 대한 정보를 제공한다. 즉, 방문자들이 웹 사이트에 유입된 경로가 다른 웹 사이트(블로그, 페이스북 등)에서 추천, 게시한 우리 웹 사이트 링크(Referral)를 클릭하고 접속했는지, 검색엔진에 검색어를 입력한 후 검색엔진이 제공하는 검색 페이지 결과물(Organic Search)을 클릭하고 접속했는지, 검색엔진의 유료 키워드(Paid Search)를 통해서 접속했는지, URL을 브라우저의 URL 창에 직접 입력(Direct)하고 접속했는지, 페이스북이나 네이버 블로그와 같은 소셜(Social) 채널을 통해서 접속했는지와 같은 다양한 접속 채널 정보를 알 수 있다.

Default Channel Grouping	Acquisition			Behavior		
	Users	New Users	Sessions	Bounce Rate	Pages / Session	Avg. Session Duration
	12,563 % of Total: 100.00% (12,563)	11,279 % of Total: 100.00% (11,279)	16,321 % of Total: 100.00% (16,321)	78.03% Avg for View: 78.03% (0.00%)	1.67 Avg for View: 1.67 (0.00%)	00:00:58 Avg for View: 00:00:58 (0.00%)
1. Referral	6,413 (50.70%)	5,629 (49.91%)	8,588 (52.62%)	78.46%	1.49	00:00:40
2. Organic Search	4,179 (33.04%)	3,922 (34.77%)	4,769 (29.22%)	82.57%	1.73	00:01:02
3. Direct	1,185 (9.37%)	951 (8.43%)	1,874 (11.48%)	65.64%	2.23	00:01:45
4. Social	588 (4.65%)	547 (4.85%)	734 (4.50%)	82.70%	1.52	00:01:18
5. Email	144 (1.14%)	105 (0.93%)	207 (1.27%)	59.90%	2.18	00:02:46
6. Generic Paid Search	130 (1.03%)	116 (1.03%)	139 (0.85%)	64.75%	3.06	00:01:25
7. Branded Paid Search	10 (0.08%)	9 (0.08%)	10 (0.06%)	90.00%	1.10	00:00:04

[도표 58] 획득 보고서 중 All Traffic – Channels 보고서 화면

데이터 분석 관점에서 트래픽을 분석해 보면, 타 웹 사이트에서 게시된 링크(Referral)를 통해 유입된 사람들이 6천5백 명 정도이고 그중에서 87% 정도가 신규 방문자이며, 78% 정도의 방문자는 오직 1페이지만을 읽어보고 이탈(Bounce Rate)했고, 방문한 사람들의 사이트 이용 패턴은 방문당 페이지뷰를 1.49개 정도 보고, 1분 정도를 소비한다고 분석할 수 있다.

그런데 이러한 일반 트래픽에 관련된 지표들이 웹 사이트나 모바일 앱을 분석할 때 중요한 분석 요소가 될 수 있을까?

예를 들어, 타 웹 사이트에 게시된 링크(Referral)를 통해서 사이트에 유입된 사람들이 장바구니에 물건을 담아두는 빈도가 어떻게 되는지와 같은 정보를 분석할 수 있다면 디지털 채널에 대한 효과를 사업 관점에서 조금 더 의미 있는 분석을 진행할 수 있을 것이다. 그러한 분석을 질적 분석이라 하며, 질적 분석을 하려면 Conversions 보고서에 데이터가 쌓일 수 있도록 셋업을 진행해야 하는데, Conversions에 관한 셋업을 Goal Setup 또는 Ecommerce Setup이라고 부른다. 지금은 Goal Setup만을 다룰 예정이다.

Goal 셋업을 진행할 Live View 데이터로 Channel 보고서의 분석 대상 데이터 정보를 변경해 보도록 하자.

	Default Channel Grouping	Acquisition			Behavior			Conversions Goal 7 장바구니 담기		
		Users	New Users	Sessions	Bounce Rate	Pages / Session	Avg. Session Duration	장바구니 담기 (Goal 7 Conversion Rate)	장바구니 담기 (Goal 7 Completions)	장바구니 담기 (Goal 7 Value)
		12,563 % of Total 100.00% (12,563)	11,279 % of Total 100.00% (11,279)	16,321 % of Total 100.00% (16,321)	78.03% Avg for View 78.03% (0.00%)	1.67 Avg for View 1.67 (0.00%)	00:00:58 Avg for View 00:00:58 (0.00%)	3.90% Avg for View 3.90% (0.00%)	637 % of Total 100.00% (637)	₩3,185,000 % of Total 100.00% (₩3,185,000)
☐ 1.	Referral	6,413 (50.70%)	5,629 (49.91%)	8,586 (52.62%)	78.46%	1.49	00:00:40	4.74%	407 (63.89%)	₩2,035,000 (63.89%)
☐ 2.	Organic Search	4,179 (33.04%)	3,922 (34.77%)	4,769 (29.22%)	82.57%	1.73	00:01:02	2.50%	119 (18.68%)	₩595,000 (18.68%)
☐ 3.	Direct	1,185 (9.37%)	951 (8.43%)	1,874 (11.48%)	65.64%	2.23	00:01:45	3.58%	67 (10.52%)	₩335,000 (10.52%)
☐ 4.	Social	588 (4.65%)	547 (4.85%)	734 (4.50%)	82.70%	1.52	00:01:18	1.36%	10 (1.57%)	₩50,000 (1.57%)
☐ 5.	Email	144 (1.14%)	105 (0.93%)	207 (1.27%)	59.90%	2.18	00:02:46	13.04%	27 (4.24%)	₩135,000 (4.24%)
☐ 6.	Generic Paid Search	130 (1.03%)	116 (1.03%)	139 (0.85%)	64.75%	3.06	00:01:25	5.04%	7 (1.10%)	₩35,000 (1.10%)
☐ 7.	Branded Paid Search	10 (0.08%)	9 (0.08%)	10 (0.06%)	90.00%	1.10	00:00:04	0.00%	0 (0.00%)	₩0 (0.00%)

| [도표 59] Goal 셋업을 완료 및 적용한 Channels 보고서 화면

분석 대상 웹 사이트의 경우, 사이트 운영의 주요 목적(Goal)을 '장바구니 담기'로 설정했다. 유입된 트래픽을 질적 지표 중심으로 분석을 해보면, 타 웹 사이트에 게시된 링크(Referral)와 검색엔진에서의 자연 검색(Organic Search)을 통해서 유입된 트래픽 중 장바구니 담기를 진행한 내용을 살펴보면, 타 웹 사이트에 게시된 링크(Referral)를 통해 유입된 잠재 고객들 중 400명 정도가 장바구니 담기를 했고, 검색엔진에서 보여주는 자연 검색 결과(Organic Search) 를 보고 방문한 잠재 고객들 중에서는 119명이, URL을 직접 입력(Direct)하 고 방문한 잠재 고객들 중에서는 67명이, 페이스북과 같은 소셜(Social) 채널 을 통해서 유입된 잠재 고객들 중에서는 10명이, 발송된 이메일(Email)를 통해 유입된 잠재 고객들 중에서는 27명이 장바구니 담기까지 진행한 것으로 파악된다.

물론 이와 같은 절대 수치도 중요하지만, 총 유입 대비 장바구니 담기를 진행한 비율인 전환율(Conversion Rate)을 디지털 채널의 효율성을 측정하는 주 요 지표로 활용하는 경우도 많다. 이 전환율 관점으로 디지털 채널을 분석해보면 발송된 이메일(Email)를 통해 유입된 잠재 고객들의 전환율이 높은 편 (13.04%)이며, 검색엔진의 유료 키워드(Paid Search)를 입력하고 유입된 사람들의 장바구니 담기 전환율(5.04%), 특정 링크(Referral)를 통해서 유입된 잠재 고객의 장바구니 전환율(4.74%) 역시 높은 편이다. 그런데, 페이스북과 같은 소셜(Social) 채널을 통해서 유입된 잠재 고객들의 전환율(1.36%)은 평균 전환율(3.90%) 보다 낮은 것을 확인할 수 있다.

| [도표 60] 획득 보고서 중 All Traffic – Source & Medium 보고서 화면

전체 유입 트래픽을 활용한 유입 트래픽을 살펴보면 유입 트래픽별 효율성을 비교해볼 수 있다. 예를 들어, 구글 gdn 광고와 페이스북 광고를 비교해보면 구글 gdn 광고를 통해 유입된 잠재 고객 수가 더 많고(구글 gdn 광고 유입: 4,835 방문 수, 페이스북 광고 유입: 1,116 방문 수) 또한 웹 사이트 운영의 목표인 장바구니 담기까지 도달한 전환율(구글 gdn 광고 유입: 4.72%, 페이스북 광고 유입: 1.85%)도 구글 gdn 광고를 통한 효율이 높은 것을 알 수 있다. 이런 경우 분석 대상 웹 사이트는 페이스북 광고보다 구글 gdn 광고가 더 중요하다는 결론을 내릴 수 있다.

| [도표 61] Goal 셋업을 완료 및 적용한 Channels 보고서 화면 – Organic Search 클릭

방문자가 검색어를 입력하고 분석 대상 웹 사이트로 유입되는 경우, 방문자가 어떤 검색어를 입력하는지 궁금할 수도 있다. 이런 경우 'Organic Search'에 걸려있는 링크를 클릭하면 검색어로 유입되는 잠재 고객들이 어떤 키워드를 입력하는지 알 수 있다.

| [도표 62] Organic Search 클릭 시 나오는 키워드 표시 화면

[도표 62]에서 보이듯 검색엔진을 통해 방문하는 방문자는 '마소캠퍼스', '마소 캠퍼스', '구글 애널리틱스 교육'과 같은 키워드를 입력해서 사이트에 유입된다는 사실을 확인할 수 있다. 그런데 네이버 검색엔진을 통해 유입되는 경우에는 검색 키워드가 정상적으로 표시되지만 구글 검색엔진을 통해 유입되는 키워드의 경우 'not provided'라고 표기되어 추가적인 키워드 분

석이 불가능하다.

| [도표 63] not provided 클릭 시 나오는 화면

그렇다면 구글 검색엔진을 통해 유입되었다는 것을 나타내는 'not provided'의 실제 검색 키워드를 알 수 있는 방법은 없을까? 기본적으로는 알 수 없지만, 기본 보고서에서 제공되는 Secondary Dimension을 활용해서 구글 검색엔진에 키워드를 입력하고 유입되는 'Landing Page'가 무엇인지를 살펴보면서 유입 키워드를 유추하는 방식으로 분석하는 방법을 시도해볼 수 있다. 웹 사이트로 유입된 페이지를 보고, 잠재 고객이 어떤 키워드를 입력했을지 유추해보는 것이다.

◆ 방문 형태(Behavior) 보고서

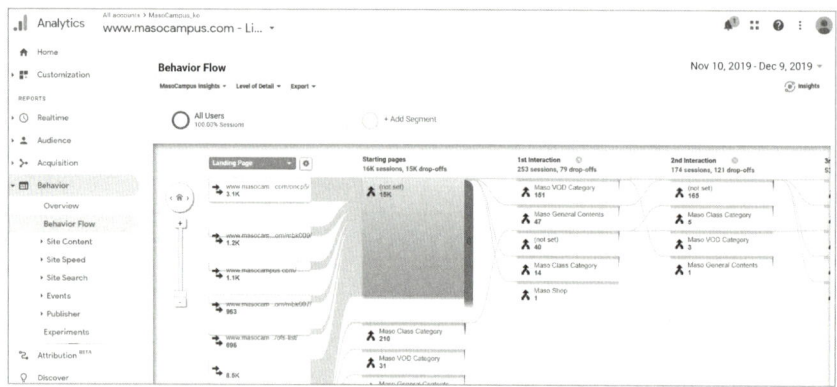

[도표 64] 구글 애널리틱스 방문 형태 보고서(Behavior Report) 화면

방문 형태(Behavior) 보고서는 분석 대상 웹 사이트에 유입된 방문자들이 웹 사이트를 어떤 식으로 이용하는지에 대한 이용자 행동 패턴 정보를 제공한다. 예를 들어 Behavior Flow 보고서를 보면 웹 사이트에 유입된 방문자들이 어떤 콘텐츠를 소비하는지에 대한 정보를 제공한다. 즉, 강의 일정 페이지를 통해 강좌 정보를 보다가, 쇼핑카트에 담았다가, 다시 코스 상세 정보를 보는 것과 같은 콘텐츠 소비 패턴을 보인다는 것을 분석할 수 있다.

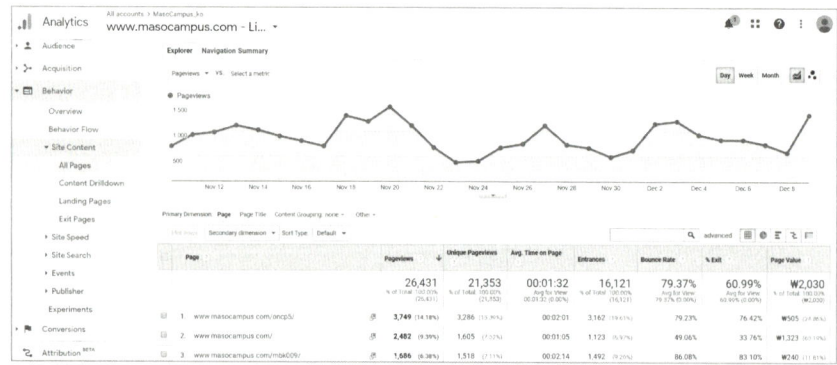

[도표 65] 방문 형태 보고서 중 Site Content - All Pages 보고서 화면

Site Content 메뉴에 있는 All Pages 보고서는 Goal을 셋업할 때 금전 가치 환산 모델을 반영한 것으로 웹 사이트에서 서비스를 제공하는 모든 웹페이지 중에서 상대적인 페이지 중요도를 금전 가치로 환산해서 제공한다.

사이트 개편을 진행할 때 어떤 영역의 페이지가 전략적으로 더 중요한지 판단하기 위한 기초 데이터를 금전 가치 모델로 제공한다고 할 수 있다.

예를 들어 VOD 전 강의 프리패스 페이지는 500원 정도의 중요도를 보이고, '/' 페이지는 1,300원 정도, 쇼핑카트 페이지는 13,000원 정도의 금전 가치로 측정된다. 이런 식으로 수많은 HTML 페이지에 대해서 사이트 운영 목표(예: 구매완료 등)를 기준으로 웹페이지가 어느 정도의 금전 가치로 측정되는지 정량 데이터로 제공된다.

| [도표 66] 방문 형태 보고서 중 Site Speed – Overview 보고서 화면

Site Speed 보고서는 방문자들이 웹 사이트를 이용하면서 자신의 PC에 화면이 완전하게 표시될 때까지 소요되는 일반적인 시간 정보를 제공한다.

평균 페이지 로딩 타임은 네트워크를 경유해서 일반 PC의 브라우저 화면까지 정보가 완전히 표시될 때까지 8초 정도가 소요된다.

◆ 전환(Conversions) 보고서

전환(Conversions) 보고서는 방문자들이 사이트에 유입된 후 사이트 운영의 최종 목표(예: 구매완료, 구독 완료 등)를 얼마나 달성했는지에 대한 정보를 보여주는 보고서이다.

예를 들어, [도표 67]처럼 구매완료를 기준으로 했을 때, 주문 완료가 진행될 때까지 어떤 경로를 통해서 장바구니에 진입하고, 구매 진행 전에 이탈하는 비율은 어떻게 되는지, 또는 구매 진행 후 최종 구매완료까지 진행하는 비율은 어떻게 되는지에 대한 웹 사이트 운영에 있어서 매우 중요한 정보를 알 수 있다.

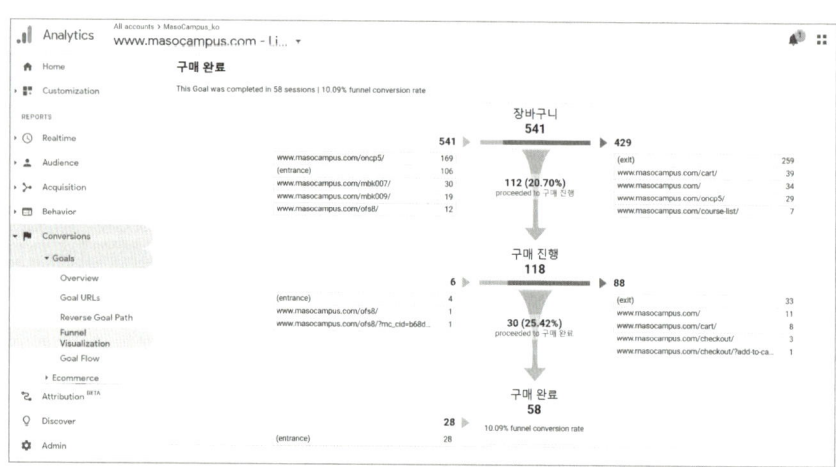

| [도표 67] 전환 보고서 중 Goals – Funnel Visualization 보고서 화면

Funnel Visualization 보고서는 '장바구니 > 구매 진행 > 구매완료'까지의 유저 유입/이탈 과정을 시각화해서 유의미한 분석이 가능하도록 해 주는 보고서로, [도표 67]의 보고서를 분석해보면 장바구니까지 유입된 사람이 541명이고, 구매 진행을 하는 사람이 118명이며, 실제 구매완료까지 진행한 사람이 58명이란 것을 알 수 있다. 각 단계에서의 이탈률은 장바구니에서 구매 진행까지 78.1%이며, 다시 구매 진행에서 구매완료까지의 이탈률이 50.8%인 것으로 측정된다. 즉, 장바구니에서 최종 구매완료까지 진행되는 비율이 10.7%가 되는 것이다.

이런 경우, 만일 장바구니까지 100명의 잠재 고객을 유입시킬 수 있다면 10명 정도가 구매에 도달하리라 예측할 수 있고, 인당 매출(ARPU) 정보를 계산할 수 있다면 이 마케팅 캠페인을 통해 달성 가능한 매출을 추정할 수도 있다. 즉, 인당 매출(ARPU)이 10만 원이라고 한다면 이 경우 예상 매출은 100만 원으로 추정 가능하다. 100명의 유저를 장바구니까지 유입시키는데 소요된 비용이 이보다 작다면 ROI 관점에서 효율적인 마케팅 캠페인을 진행했다고 판단할 수 있다.

{도표 68} 전환 보고서 중 Multi-Channel Funnels - Assisted Conversions 보고서 화면

Multi-Channel Funnels 보고서를 보면 Assisted Conversions란 정보가 있다. 이는 방문자가 분석 대상 웹 사이트에서 구매를 진행할 때까지 영향을 준 디지털 채널에 대한 정보를 보여주는 보고서라고 할 수 있다. [도표 68]의 내용을 보면, 분석 대상 웹 사이트의 경우 URL을 직접 입력(Direct)하고 유입된 사람들의 구매 비율이 높고, 검색엔진에 검색어를 입력한 후 검색엔진이 제공하는 검색 페이지 결과물(Organic Search)을 클릭하고 유입된 잠재 고객 순서로 구매율이 높음을 알 수 있다. (Other)에 관한 세부 정보는 (Other)을 클릭하면 볼 수 있다.

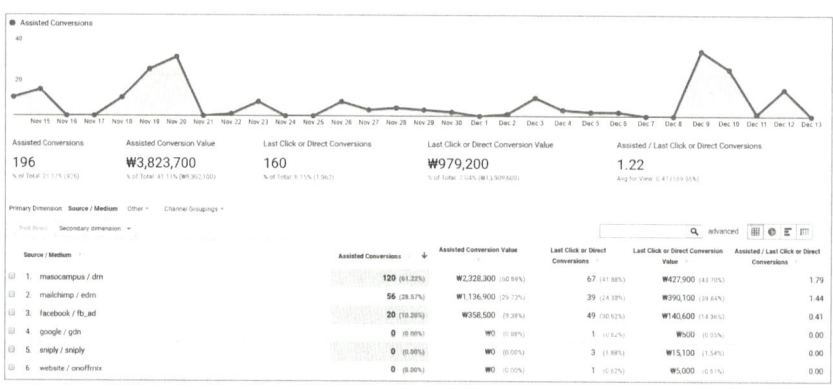

[도표 69] Other 클릭 시 나오는 화면

[도표 69]를 보면 마소캠퍼스에서 사이트 가입자에게 발송한 문자와 이메일, 마소캠퍼스가 집행하는 페이스북 광고, 구글 광고를 클릭하여 유입된 잠재 고객 순으로 구매율이 높다고 분석할 수 있다.

| [도표 70] 전환 보고서 중 Multi-Channel Funnels – Top Conversion Paths 보고서 화면

[도표 70] Top Conversion Paths 보고서를 보면 방문자가 검색엔진에 검색어를 입력한 후 사이트를 방문한 다음 URL을 기억했다가 브라우저에 URL을 직접 2~3번 정도 입력하고 사이트로 들어왔을 때 구매로 이어질 가능성이 높은 것으로 분석된다. 그리고 Display라는 구글 디스플레이 광고와 구글 gdn 광고를 두 번 클릭하고 방문한 경우 구매로 이어질 가능성이 높다.

Acquisition 보고서와 함께 분석하면, URL을 직접 입력하고 유입된 잠재 고객의 장바구니 전환 비율이 검색엔진 자연 검색 결과를 클릭하고 유입된 방문자의 장바구니 전환 비율보다 높다. 그런데 위의 URL을 직접 입력하고 유입된 방문자가 어떻게 발생하는가 하면, 검색엔진에서의 자연 검색의 결과 리스트에서 웹 사이트를 클릭하고 유입된 사람들이 URL을 기억했다가 그다음 방문에서는 URL을 직접 입력하고 방문하는 방문객들이 많다는 것이다. 바람직한 사이트에서 기대되는 유저 행동 패턴이 나타나는 것으로 분석된다.

지금까지 구글 애널리틱스 Account, Property, View의 연결 관계와 Reports 영역의 네 가지 보고서들의 기본적인 세팅 및 활용 방안을 살펴보았다. 여기서 한 걸음 더 나아가서 웹 사이트/애플리케이션을 통해 쌓이는 데이터에서 보다 편리하고 직관적이게 유의미한 지표들을 보기 위해서는 구글 애널리틱스 활용을 위한 오브젝트 관리를 담당하는 Admin 화면 속 Account, Property, View 하부 기능들을 전략적으로 사용해야 한다. 다음 장에서는 Account, Property, View 하위 메뉴들이 가진 특성과 유용한 기능을 설정하고 실무에 적용하는 전략을 다루도록 하겠다.

GOOGLE
ANALYTICS

CHAPTER

06

구글 애널리틱스
실무 적용 전략

CHAPTER 06

구글 애널리틱스 실무 적용 전략

Configuration 실무 전략

◆ Admin 화면

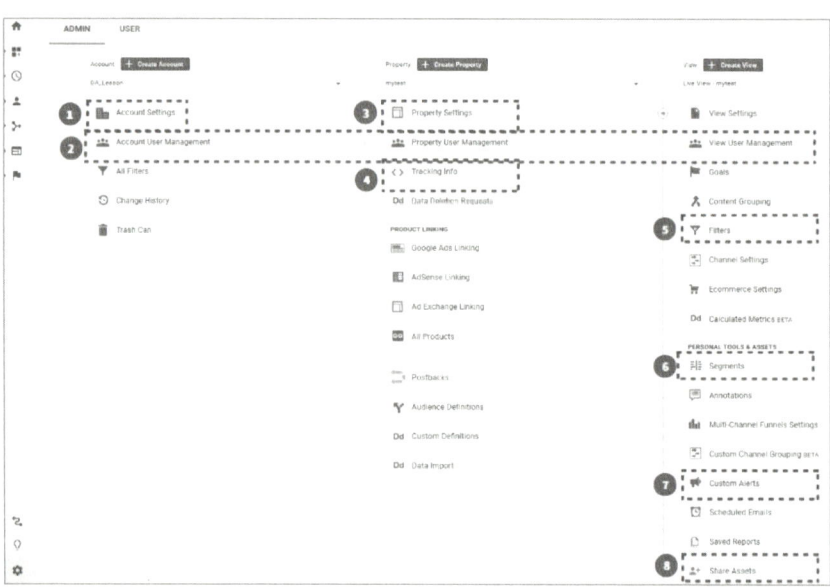

| [도표 71] 구글 애널리틱스 Admin 인터페이스 화면

구글 애널리틱스에 접속해 화면 좌측 하단의 톱니바퀴 모양인 Admin을 클릭하면 [도표 71]과 같은 화면이 나온다. Admin 화면 인터페이스에서는 Account, Property, View를 조정할 수 있다. 실무에 완성도 있게 구글 애널리틱스를 활용하려면 Account, Property, View 셋업에 있어 전략적으로 접근해야 한다.

1 ~ 9까지의 각 항목에 대한 자세한 설명은 다음과 같다.

1. Account Setting: Account를 생성한 이후 고정된 세팅값 이외에 바꿀 수 있는 항목들이 나열되어 있음. 화면 좌측 상단에 Move to trash 버튼을 선택하면 계정을 삭제할 수 있으나 복구가 불가함.

2. User Management: 구글 애널리틱스에 접속한 사람마다 소유할 수 있는 권한의 범위를 지정함. 하나의 요소 범위는 크게 계정 관리 권한과 GA 기능 권한 두 가지로 나뉘어 있음.

3. Property Settings: Property 생성 이후 조정할 수 있는 옵션들이 나열되어 있음. Demographics/Interest 보고서를 셋업해 성별, 연령별, 관심사별 보고서를 볼 수 있음.

4. Tracking info: Tracking Code 정보를 제공함. 동일한 유저가 몇 분 간격으로 웹 사이트/모바일앱에 접속했을 때 서로 다른 방문 수로 카운팅할지 설정함.

5. Filters: View에 들어가는 데이터를 제어함. 구글 애널리틱스 보고서에 웹 사이트/모바일앱의 특정 데이터를 포함, 제외하거나 같은 데이터로 분류할 수 있도록 대소문자 등 표현방식을 변경할 수 있음.

6. Segments: 구글 애널리틱스 데이터의 하위 집합으로 특정 조건을 만들어 데이터를 분리할 수 있음. 기본 데이터를 변경하지 않고 일부 데이터를 분리해 분석할 수 있어 비즈니스 의사결정에 활용 가능함.

7. Custom Alert: 트래픽 패턴을 분석해서 웹 사이트의 중대한 변동 사항이 발생하면 해당 변동 사항을 자동으로 통지하도록 설정할 수 있음. 한국에서는 이메일을 통한 알람 시스템만 지원함. Customization 메뉴에서 관리할 수 있음.

8. Share Assets: 동료와 구글 애널리틱스 유저들에게 자신이 만든 데이터 분석 맞춤 설정을 공유할 수 있음. Asset에는 Segment, Goal, Custom Report 등이 포함되어 있으며 Asset을 공유할 때에는 계정 데이터와 개인정보는 공유되지 않고 설정 정보만 복사 및 공유됨.

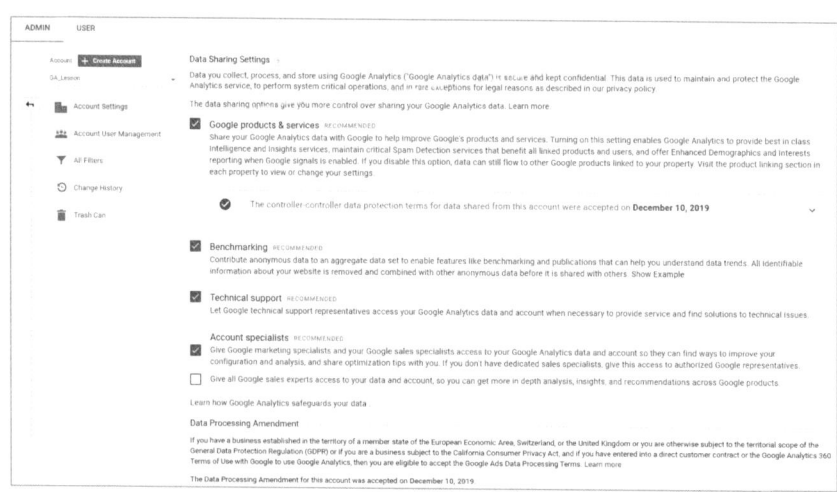

| [도표 72] 구글 애널리틱스 Account Setting 화면

1번 영역의 'Account Setting'에서 Data Sharing Settings는 구글에 나의 웹 사이트/어플리케이션의 데이터 제공 동의 여부를 묻는 항목이다. 동의를 하면 정보를 제공하는 대신 우리 웹 사이트/어플리케이션이 속한 industry에서 경쟁자 대비 상대적 위치를 파악할 수 있다. 화면 좌측 Audience 보고서 서브 메뉴인 Benchmarking에서 우리 기업의 전환율, 이탈률 등의 수치가 동종 업계 기업 대비 얼마나 높고 낮은지를 확인할 수 있다.

| [도표 73] 구글 애널리틱스 User Management 시작 화면

2번 User Management는 Account, Property, View 모두에 동일한 기능이 세 가지 영역에 걸쳐있다. 어느 요소에서 유저로 등록되는지에 따라 볼 수 있는 범위가 정해진다. Account의 하위에 Property가 있고, Property 하위에 View가 있기에 A라는 유저를 Account level에 추가하면 해당 Account 하위에 있는 두 요소의 권한을 모두 가지게 된다. Property에만 접속 권한을 주면 회사가 소유한 웹 사이트들과 모바일앱들 중에서 특정 웹 사이트, 모바일앱만 볼 수 있으며 View에만 접속 권한을 주면 권한을 부여받은 하나의 View만 접근 가능하다.

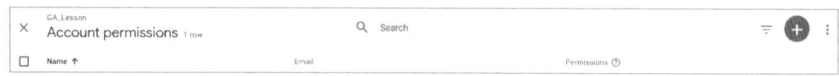

[도표 74] User Manangement 클릭 시 나오는 화면

범위가 정해지면 User Management를 클릭하고, 등장하는 [도표 74] 화면에서 계정을 클릭한다.

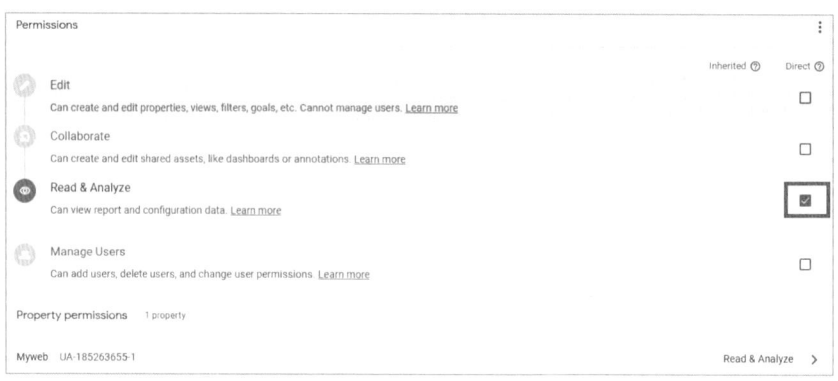

[도표 75] User Management 권한 부여 화면

클릭하면 기능 권한, 유저 관리 권한을 선택하는 체크박스가 나온다. Edit, Collaborate, Read & Analysis는 기능 권한 범위를 정하는 것이며 Manage Users는 유저 추가, 제거, 상세 권한 부여 여부를 결정한다.

먼저 기능 권한 범위를 보면, Read & Analysis에서는 구성된 리포트들을 조회할 수 있으며 보고서 내에서 secondary dimension을 추가하고 segment를 추가하는 일들과 같이 데이터들을 왜곡할 수 없는 범위에서 조작할 수 있도록 하는 기본 옵션이다. Collaborate는 Customization 메뉴의 대시보드를 수정하고 보고서에서 annotation(주석)과 같이 자신의 의도에 맞는 데이터를 생성하거나, 생성한 데이터를 share할 수 있는 권한 옵션이다. Edit은 사용자 관리를 제외한 GA 활용의 모든 권한을 사용할 수 있는 옵션으로, 데이터 및 보고서와 관련된 모든 활동을 할 수 있다. 상위 권한은 하위 권한을 모두 포함한다.

Manage Users는 Edit, Collaborate의 권한을 포함하지 않는, 오로지 유저를 추가/삭제하고 유저에게 어떠한 권한을 줄 것인지 정하는 옵션이다. 계정 삭제 권한이 있기 때문에 권한 부여에 있어 주의를 기울여야 한다.

범위, 기능, 유저 관리 권한을 상세히 나눠놓는 이유는 회사의 자산인 데이터를 안전하게 많은 이들에게 공유하기 위함이다. 모든 사원이 처음 회사에 들어와 구글 애널리틱스를 통해 데이터를 분석하고 인사이트를 획득하려는 시도는 매우 바람직하다. 하지만 모든 사원이 자신이 원하는 대로 보고서 형식을 바꾸고 셋업된 goal을 수정하는 등의 행동을 하면 최적으로 설정해 놓은 구글 애널리틱스를 복원하기 위해 불필요한 시간과 자원을 소비하게 된다. 그렇기에 User Management를 통해 업무와 직책에 알맞은 권한을 부여해야 한다.

3번의 Property Settings에서 Demographics/Interest 보고서를 셋업해야 Audience 보고서에서 Demographics와 Interest 보고서를 활용할 수 있다. 보고서 셋업은 활성화와 코드 삽입, 총 두 단계로 진행된다.

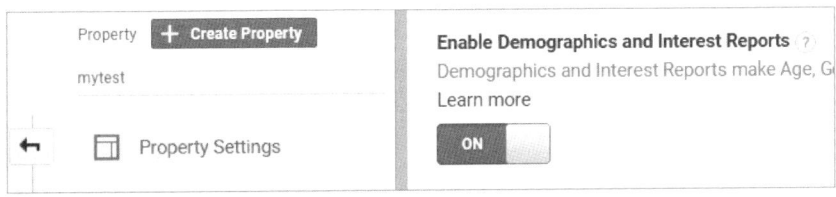

| [도표 76] Property Setting 속 Demographics & Interest 보고서 허용 버튼

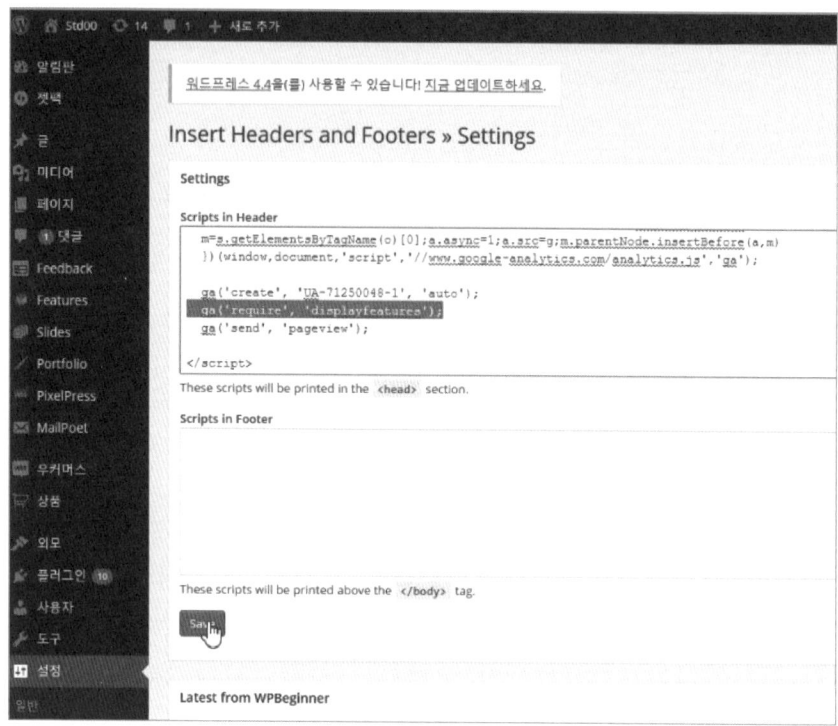

| [도표 77] 실습용 데모 웹 사이트 Tracking 코드에 추가 코드를 넣는 화면

먼저, [도표 76]처럼 Property Settings에서 Enable Demographics and Interest Reports 하단의 버튼을 클릭해 ON으로 설정한다. 그 후 [도표 77]과 같이 GA 셋업 때 삽입한 Tracking code 중반에 ga('require', 'displayfeatures');라는 코드를 삽입한다.

| [도표 78] 획득 보고서 중 코드 추가 후 볼 수 있는 Demographics – Age 보고서 화면

이 과정을 모두 마치면 3~5일 후부터 Demographics/Interest 보고서를 볼 수 있다. Demographics 보고서에서는 어느 연령대와 어느 성별이 제일 구매 전환율이 높은지 알 수 있다. 이를 바탕으로 우리 웹 사이트의 디자인과 제품, 서비스의 마케팅 포인트를 정할 수 있다.

| [도표 79] 획득 보고서 중 코드 추가 후 볼 수 있는 Interest – Affinity Categories 보고서 화면

Interest 보고서 하위의 Affinity Categories 보고서에서는 우리의 웹 사이트에 들어온 고객을 고객의 관심사별로 알 수 있다. 이때 관심사는 구글이

정의한 페르소나 기준을 적용한 결과이다. 유저들을 다양한 관심사별로 파악해 마케팅 타깃팅을 정할 때 유용한 정보로 활용할 수 있다.

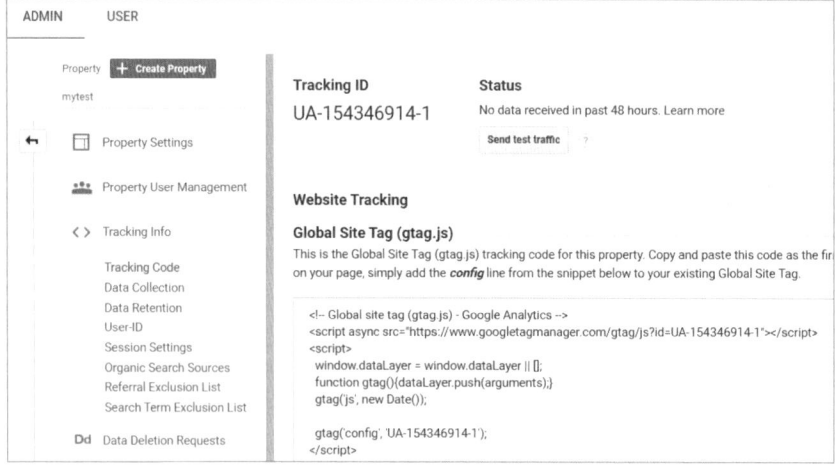
| [도표 80] Tracking 코드 정보 화면

4번 영역의 Tracking Info에서는 만에 하나 웹 사이트에서 Tracking Code가 유실되었을 때 동일한 코드를 넣을 수 있도록 안내한다.

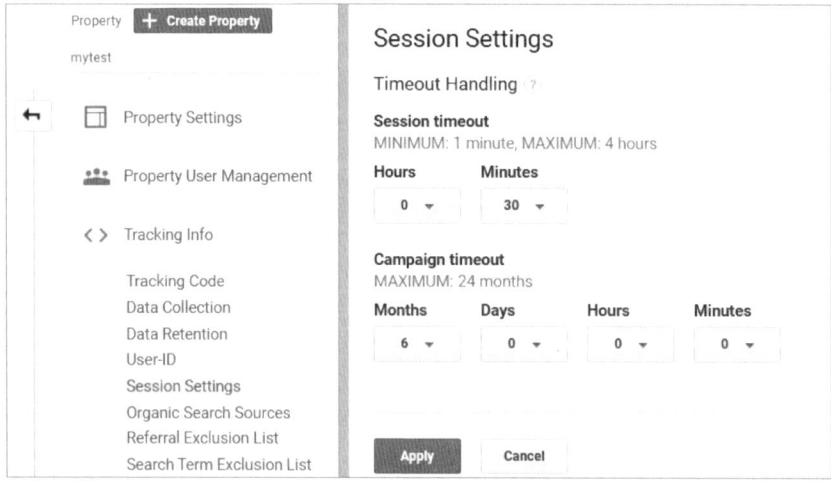
| [도표 81] 방문 수 카운트 기준을 정하는 Session Settings 화면

Tracking info 하부 메뉴인 Session Settings에서는 동일한 유저의 방문 수를 카운트하는 타임아웃 기준을 정한다. 여기 A와 B라는 유저 두 명이 있다. A와 B 모두 오전 10시에 우리의 웹 사이트에 방문해 10시 10분에 클릭 한 번으로 특정 페이지를 조회하고 웹 사이트를 나갔다. A는 10시 35분에 다시 웹 사이트를 방문했고 B는 11시에 웹 사이트를 방문했다. 이 경우에 A의 방문 수는 1이지만 B의 방문 수는 2로 기록된다. [도표 81]에서 볼 수 있듯이 Session Settings에서 Session timeout을 30분으로 설정했기 때문이다. 30분 넘도록 유저의 행동이 없다면 30분 이후 유저의 행동을 새로운 방문 수, 또 다른 Session으로 간주하는 것이다. Timeout은 30분을 기본으로 설정하고 있다. 사이트에 긴 동영상 자료가 많아 한 방문자가 머무르되 클릭하는 횟수가 적다면 timeout 기준 시간을 늘리는 것이 정확한 Sessions 데이터를 얻는 방법 중 하나이다.

5번 Filter는 앞서 언급한 것과 같이 트래픽 유입 소스가 동일하지만 대소문자 차이로 인해 다른 데이터로 분류되는 것들을 동일 데이터로 통합할 때 사용한다. 또한 데이터를 수집하는 데 있어 필요한 데이터와 불필요한 데이터를 분류해 특정 데이터가 개별적으로 쌓이는 View를 생성하는 기능이다.

월요일 아침마다 전사 직원에게 필요한 보험/금융상품 및 마케팅 자료를 웹 사이트에 업로드해서 배포하는 보험회사가 있다. 직원들은 필요한 자료를 받기 위해 회사 웹 사이트에 접속할 것이며, 이때 내부 직원들의 접속 데이터가 외부 고객 데이터를 왜곡시킬 가능성이 높다. 그렇기 때문에 다음과 같은 설정을 한다면 외부 고객 데이터가 변형되지 않는다.

- Filter Name: 내부 IP 제외 필터

- Filter Type: Predefined - Exclude / traffic from IP addresses / that contains

- IP address: 회사의 내부 개발팀에서 회사 직원들의 공통 IP 부분을 받을 수 있다.

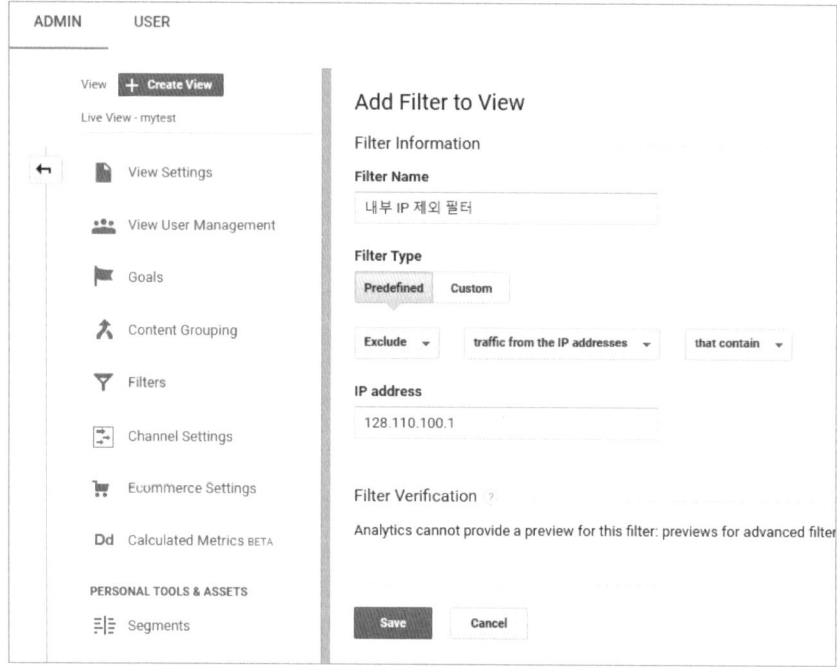

| [도표 82] 특정 데이터가 개별적으로 쌓이게 하는 Filter 설정 화면

    6번 영역인 'Segments'는 데이터를 따로 분리해 서로의 데이터를 원천 봉쇄하여 비교하는 View와 달리 데이터 자체를 바꾸지 않고 원하는 조건을 만들어 비교한다. Segment에서 연령, 성별, 언어, 관심사, 나라, 유저 트래픽 정보 등 많은 세부 조건을 설정할 수 있기에 하나의 데이터에 대해 유연

한 분석이 가능하다. Segment을 이용해 디지털 채널 효과분석을 진행할 수 있으며 여기서는 Segment를 설정하는 방법만 다룬다. 자세한 디지털 채널 효과분석 전략은 9장에서 설명한다.

모바일 데이터와 PC 데이터를 비교하기 위한 Segment 모델링은 Admin 화면에서 View 하위에 있는 Segments를 선택한 후, Advanced 영역에 있는 Conditions를 클릭하면 된다. Segment 이름을 '01 모바일 유저'로 입력한 다음, Sessions 구분에서 Mobile(Including Tablet), contains를 선택하고 'Yes'를 입력한다. 화면 윗편의 Save를 누르면 저장된다. PC 데이터만 볼 수 있는 Segment 모델링은 contains 다음에 'No'를 입력하면 된다.

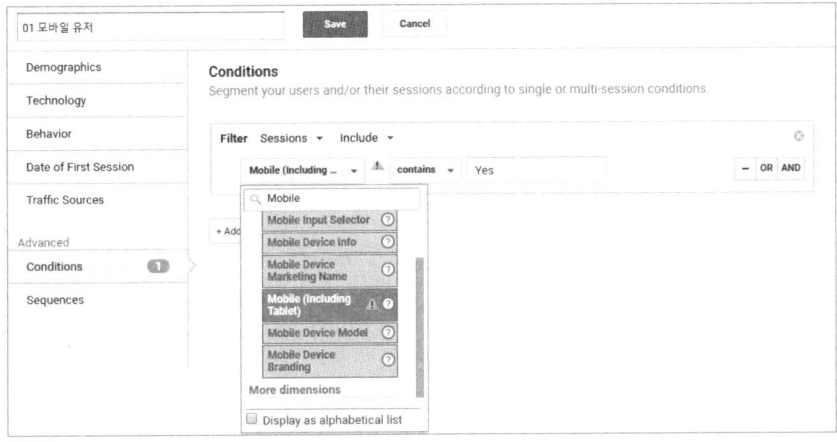

| [도표 83] 모바일 유저 데이터를 구분하는 Segment를 만드는 첫 번째 단계

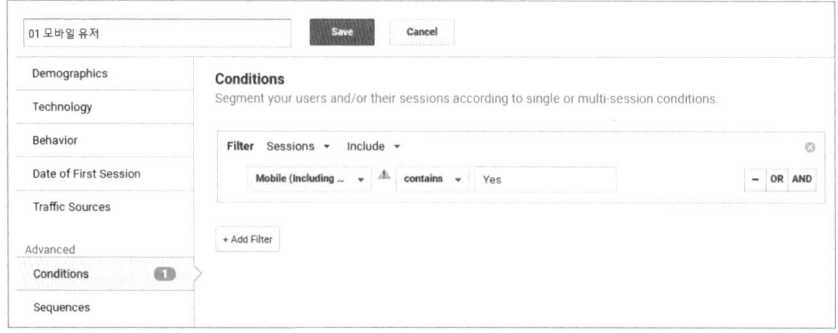

| [도표 84] 모바일 유저 데이터를 구분해 볼 수 있는 Segment를 만드는 두 번째 단계

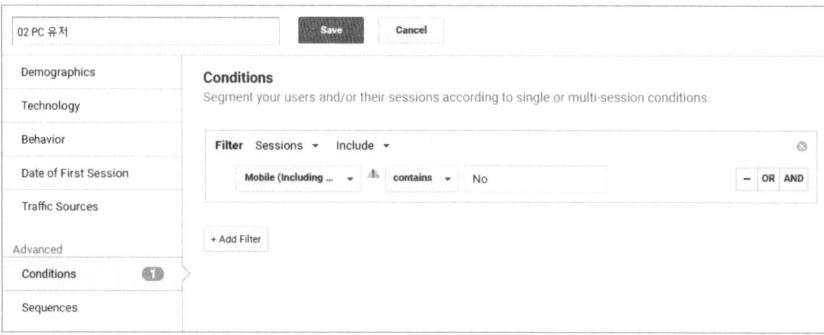

| [도표 85] PC 유저 데이터를 구별해 볼 수 있는 Segment를 만드는 화면

이렇게 만든 Segment들은 모든 보고서 상단의 All Users 옆 부분의 +Add Segments를 누른 후 비교 분석을 원하는 Segments를 체크한 후 Apply 버튼을 누르면 적용된다.

| [도표 86] 생성한 Segment를 활용하는 첫 번째 단계

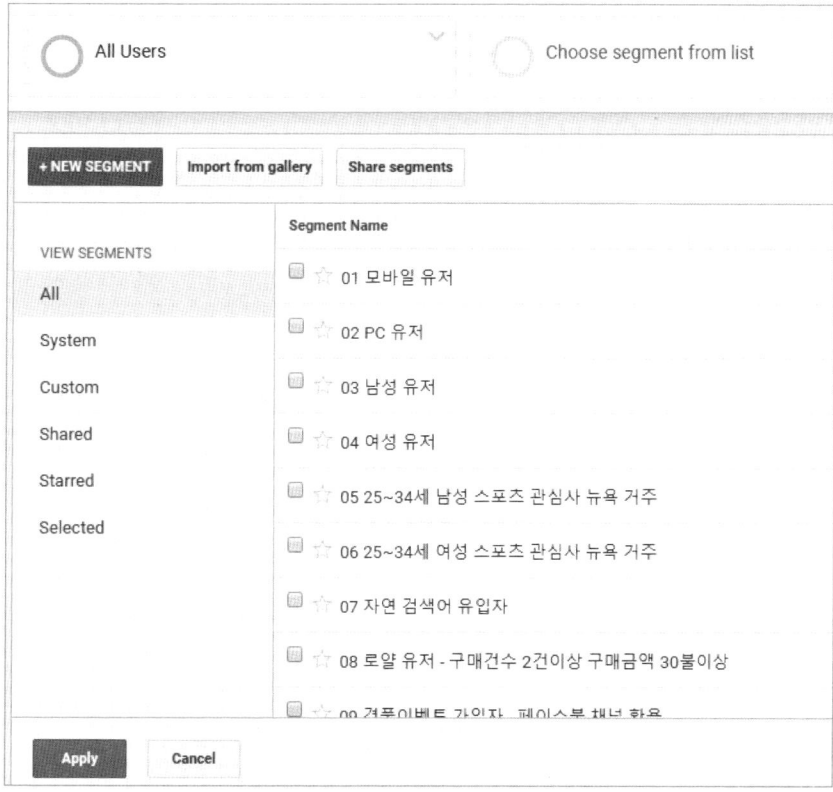

| [도표 87] 생성한 Segment를 활용하는 두 번째 단계

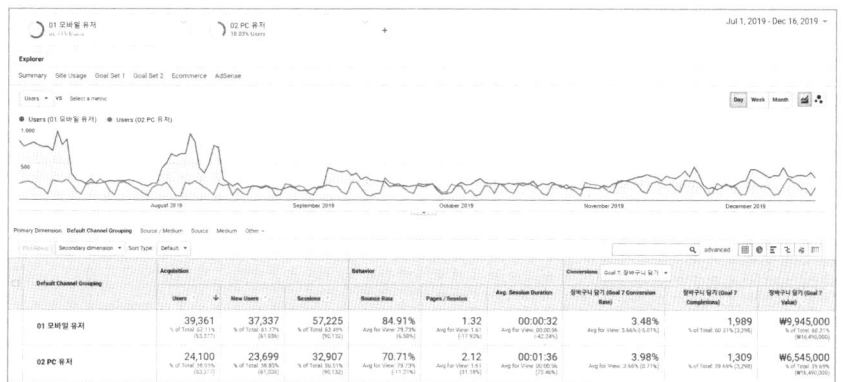

| [도표 89] 모바일 유저, PC 유저 Segment가 도입된 보고서 화면

[도표 89]의 Segment를 도입한 보고서에서 모바일 유저의 이탈률이 PC 유저의 이탈률보다 14.20% 높으며 평균 방문 시간은 1분가량 적었다. 모바일 구매가 많은 비중을 차지하는 트렌드에 발맞춰, PC 유저 수보다 많은 모바일 유저 수의 구매 전환율을 높이기 위해 모바일 최적화 과정에 노력을 기울여야 함을 알 수 있다. 모바일과 PC 트래픽 유입에 대한 시계열 분석을 같이 해 본다면 모바일 최적화 과정이 정말로 필요한 업무인지 알 수 있다. 6개월 전 모바일 구매 전환율이 1%였는데, 현재 구매 전환율이 3%라면 늘어나는 모바일 구매자들을 위해 웹 사이트/모바일앱을 최적화하는 업무가 필요하다고 볼 수 있다.

7번 Custom Alerts를 활용해서 구글 애널리틱스에 임계점을 설정해 주면, 트래픽 패턴을 구글 애널리틱스가 분석해서 웹 사이트의 중대한 변동 사항이 발생했을 때 해당 변동 사항을 자동으로 통지받을 수 있다.

실제 데이터 분석을 진행하다 보면 초창기에는 일 단위로 다양한 보고서를 활용해 분석을 신행하지만, 시간이 지남에 따라 지속적으로 보고서를 실행하면서 의미 있는 인사이트를 찾기가 쉽지 않다. 대신 누적 데이터가 쌓이다 보면 평균 방문 수는 일별 2만~3만이며, 평균 매출액이 어느 정도인지 등 주요 KPI 수치에 대한 예측이 가능해진다.

그러나 매일 2만~3만 사이의 방문자들을 들여다보기만 하는 것은 큰 의미가 없을 수 있다. 이런 경우 Custom Alerts를 설정해 놓으면 만약 일 방문 수가 2만~3만 이하가 되거나 이상이 되었을 때만 분석가에게 이상 정보를 자동으로 알려주도록 할 수 있고, 이 정보를 수신한 데이터 분석가가 다양한 보고서를 활용해서 현재 발생한 Event에 대한 추가 분석을 시의적절하게 진행할 수 있게 된다.

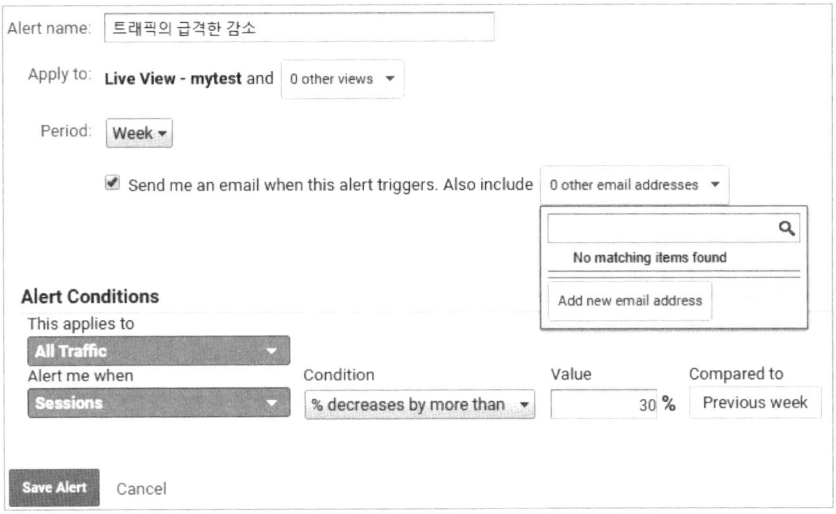

[도표 90] Custom Alert를 통해 트래픽의 급격한 감소 알림을 설정하는 화면

[도표 90]은 트래픽이 전 주에 비해 30% 이상 급격한 감소세를 보이면 알람을 받도록 설정한 모습이다. Apply to는 어떤 View에 알람을 설정할 것인지를 정하는 영역이며 여러 View에 대해 알람을 받도록 세팅하는 것도 가능하다. Period의 선택지는 Day, Week, Month가 있으며, 마케팅 캠페인 주기에 맞춰 설정해놓는다. 셋업한 Custom Alerts 조건에 부합하면 이메일을 보내달라는 체크박스에 체크를 한 후 Add new email address을 통해 이메일을 추가하여 알람을 받을 수 있다.

8번 Shared Assets는 구글 애널리틱스에서 개인이 만든 Custom Report와 Segment 등을 동료들에게 효과적으로 공유할 수 있는 기능이다.

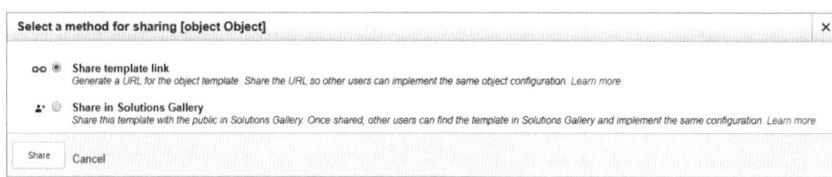

	Name	Type
✓	사이트 Engagement - 페이지뷰	Goal
☐	사이트 Engagement - 체류 시간	Goal
☐	구매완료	Goal
☐	장바구니 담기	Goal
☐	09 경품이벤트 가입자 - 페이스북 채널 활용	Segment

| [도표 91] 공유 가능한 Assets을 표시된 화면

Select a method for sharing [object Object]

○● Share template link
Generate a URL for the object template. Share the URL so other users can implement the same object configuration. Learn more

○ Share in Solutions Gallery
Share this template with the public in Solutions Gallery. Once shared, other users can find the template in Solutions Gallery and implement the same configuration. Learn more

Share   Cancel

| [도표 92] 두 가지 Assets 공유 방법 중 하나를 선택하는 화면

    생성한 보고서나 Segment를 체크한 후 Share을 누르면 [도표 92]와 같이 URL link나 구글 Solutions Gallery를 통해 공유할 수 있다. URL 공유는 생성된 URL을 동료들에게 보내고 그 URL을 클릭하며 추가되는 메커니즘을 가진다. Solutions Gallery는 구글 애널리틱스의 앱스토어와 같다고 생각하면 된다. 전 세계 유저가 자신이 만든 Custom Object들을 업로드 할 수 있는 곳이다. 이곳에 업로드를 하면 전 세계인에게 직접 만든 애셋을 공유할 수 있다.

Share Assets	
SHARE　Delete　┆Import from Gallery┆	
Name	Type
☑ 사이트 Engagement - 페이지뷰	Goal
□ 사이트 Engagement - 체류 시간	Goal
□ 구매완료	Goal
□ 장바구니 담기	Goal
□ 09 경품이벤트 가입자 - 페이스북 채널 활용	Segment

| [도표 93] 전 세계인이 만들고 공유한 Assets를 볼 수 있는 Solutions Gallery 버튼

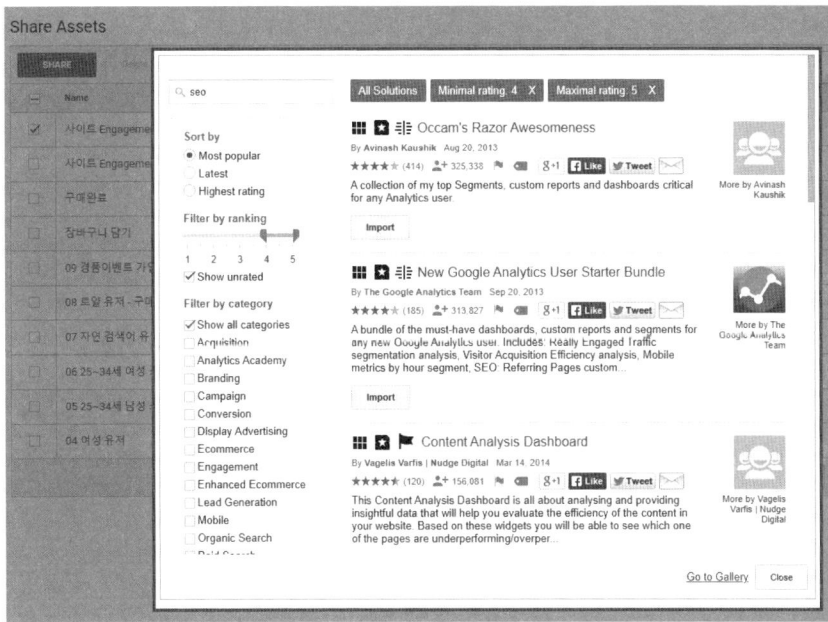

| [도표 94] Solutions Gallery 화면

직접 공유하지 않더라도 반대로 Solutions Gallery에서 유용한 custom 보고서과 Segment를 받아서 사용할 수도 있다. 웹 사이트 데이터에서 검색엔진 최적화를 위한 분석을 하려 한다고 가정해보자. 바로 활용 가능한 SEO(검색엔진 최적화) Segment를 도입해 데이터를 분석하려면, Import from Gallery를 클릭한 후 검색창에 seo를 검색한다. 이때 Filter by Ranking을 4~5점 사이에 두면 고품질의 Asset을 받아올 수 있다.

[도표 95] 구글 애널리틱스 팀이 공유하고 있는 Assets

Solutions Gallery에서 구글 애널리틱스 팀이 만든 New Google User Starter Bundle을 만나볼 수 있는데, 이 책의 내용을 잘 소화한다면 유용한 기능들을 손쉽게 활용할 수 있을 것이다.

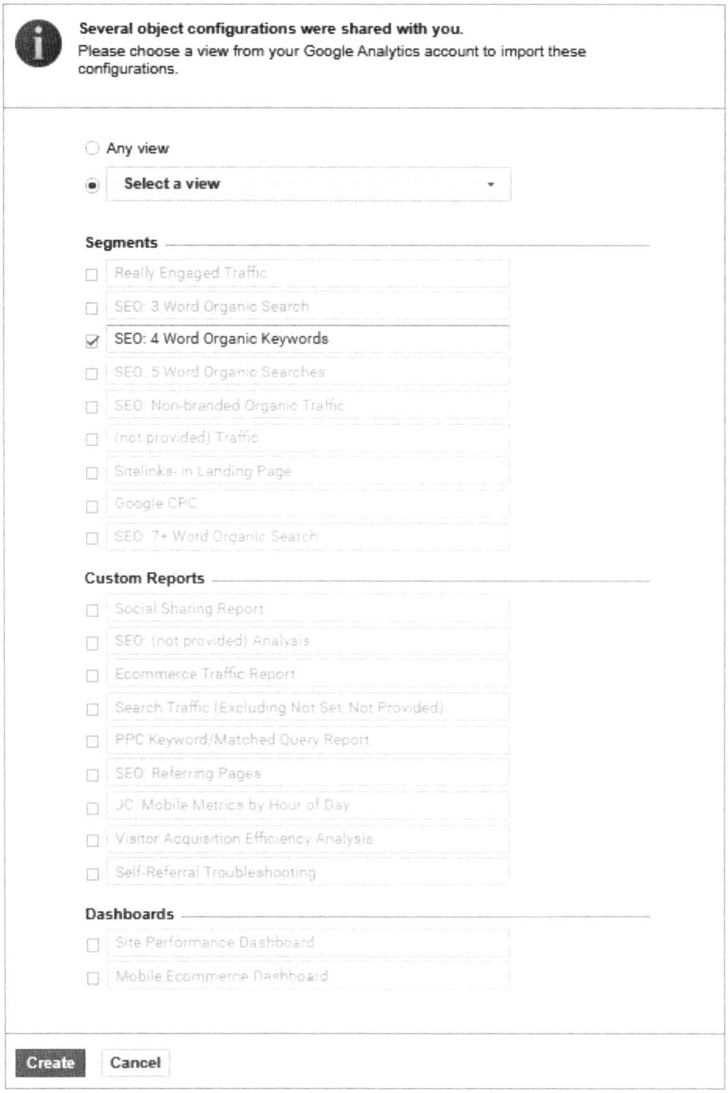

[도표 96] 필요한 object만 선택해 import하는 화면

    구글 애널리틱스 팀이 제공하는 User Starter Bundle을 import할 때 주의할 점은 한 번에 모든 Object를 받아오면 활용하기 힘들다는 것이다. 따라서 [도표 96]에서 SEO: 4 Word Organic Keywords를 선택한 것과 같이

내가 활용하기 원하는 주제만을 찾아 import 하기를 권한다.

웹 사이트 데이터를 효과적으로 분석하기 위해서는 GA Assets를 전략적으로 활용해야 하며, 구글 애널리틱스 오브젝트를 전략적으로 활용하려면 Admin 화면의 영역들을 필요에 맞게 셋업해 두어야 한다.

GOOGLE
ANALYTICS

CHAPTER

07

구글 애널리틱스를 활용한 질적 분석

— CHAPTER —
07

구글 애널리틱스를 활용한 질적 분석

사업을 운영하는 관점에서 제일 중요한 것은 유입된 잠재 고객이 목표로 하는 전환을 얼마나 만들어낼 수 있느냐 하는 문제인데, 이렇게 사업 목표 중심의 분석을 가능하게 해 주는 인사이트는 Goal이라는 추가 셋업을 진행해야만 정보 제공이 가능하며, 5장에서 다루지 못했던 전환(Conversions) 보고서를 사용할 수 있게 된다. 이번 장에서는 Goal 셋업 방법과 질적 분석을 진행하는 방법에 대해서 다루도록 하겠다.

질적 분석을 위한 목표 설정(Goal Setup) 진행하기

분석 대상 웹 사이트에서 실제 의미 있는 인사이트를 도출하기 위해서는 분석 대상 웹 사이트를 운영하는 목적이 전자 상거래 중심인지, 고객 서비스 중심인지, 브랜드 중심인지와 같은 웹 사이트 운영 목적을 분명하게 설정하고, 그러한 목적에 부합하는 트래픽 전환 패턴이 어떻게 되는지를 분석할 수 있어야 한다. 그런데 기본 셋업을 진행한 상태에서 구글 애널리틱스는 트래픽 유입량을 분석할 수는 있지만 전환 분석은 불가능하다. 따라서 전환 분석

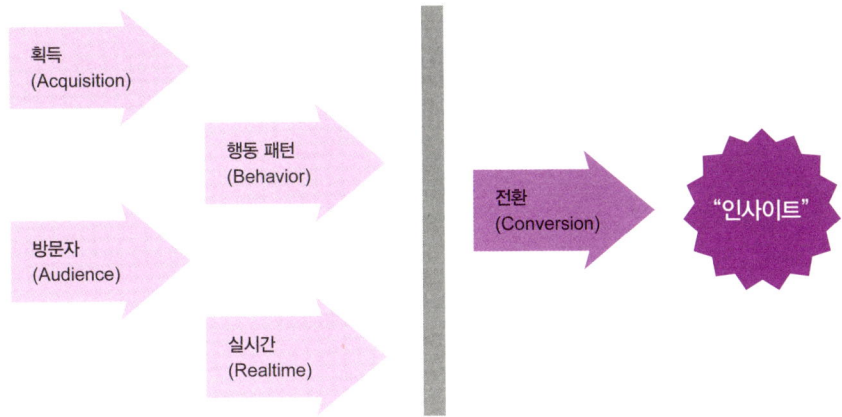

[도표 97] 구글 애널리틱스 주요 측정 지표들

이 가능하도록 구글 애널리틱스를 학습시키기 위해 Goal(목표) 셋업이라는 단계를 진행해야 한다. 이러한 Goal(목표) 셋업이 진행된 후에야 비로소 유입된 트래픽이 어떤 목적에 부합하는지에 대한 다양한 인사이트를 얻을 수 있는 정보를 제공받을 수 있다.

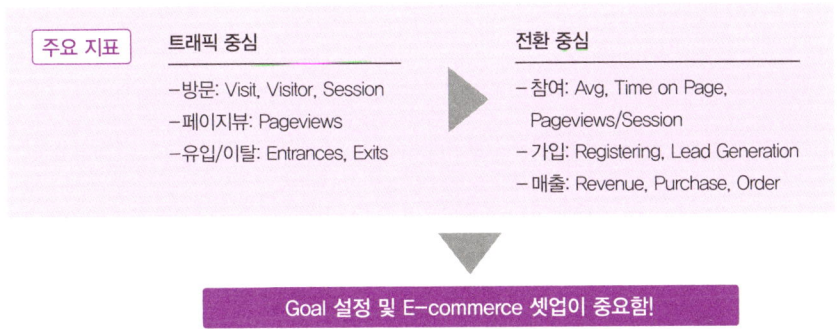

[도표 98] 구글 애널리틱스 분석 관점 변화

웹 기반 사업이 시작되는 시기인 1990년대 후반에는 웹 사이트 분석은 방문 유저 수, 페이지뷰, 체류 시간과 같은 트래픽 중심으로 진행되었다. 그런데 요즘은 웹 사이트를 운영하는 목적을 설정하고, 유입되는 트래픽이 해당 목적에 적합한 것인지를 분석하는 질적 분석 중심으로 트렌드가 바뀌었다.

○ 윤리적인 방법으로 원재료를 획득해서 스포츠 영양제품을 공급하는 방식으로 고객의 스포츠 활동을 적극적으로 고취시킨다.

	전략1: 스포츠 영양 제품 판매		전략2: 유저 접점 확보
전술	온라인 판매	매장 방문 증대	홈페이지 이용률 증대
KPI	판매 매출: $	매장 위치 조회수: X	방문당 페이지뷰: X 방문당 체류시간: X
분석 Dimension	▪ 마케팅 유입 채널/유입 경로/유입 키워드 ▪ 신규 방문자 vs. 재방문자 비율 ▪ 성별/연령대/랜딩 페이지/방문 흐름/이용 콘텐츠 ▪ 전환율/전환 가치/판매금액/페이지 가치		

| [도표 99] 구글 애널리틱스를 활용한 디지털 마케팅 전략 목표 모델링

질적 분석을 위해 웹 사이트를 운영하는 사업 목표(Goal)를 설정하는 과정을 살펴보겠다. 예를 들어, [도표 99]와 같이 '윤리적인 방법으로 원재료를 획득해서 스포츠 영양제품을 공급하는 방식으로 고객의 스포츠 활동을 적극적으로 고취하는 것'이 목적인 스포츠 영양제품 판매회사가 있다고 가정하자.

이 회사의 경우 첫 번째 전략은 스포츠 영양 제품을 판매하는 것이고, 두 번째 전략은 유저 접점을 확보하는 것이다. 그래서 전략을 달성하기 위한 전술로 온라인 판매를 늘리거나 매장 방문을 증대시키고, 홈페이지 이용률을 높인다는 목표를 수립했다.

이 회사의 전략에 대한 데이터 분석을 진행하기 위해서는 수립한 전술에 대한 목표 달성 여부를 구체적으로 측정할 수 있어야 한다. 이러한 목표를 구체적으로 측정할 수 있으려면 '판매 매출', '매장 위치 조회수', '방문당 페이지뷰'와 '방문당 체류 시간'을 KPI로 설정하고 측정 가능하도록 셋업을 진행해야 한다.

이러한 KPI가 분석 도구의 모델링 기능을 통해서 측정이 된다면 실제 데이터 분석 작업은 분석가가 다양한 관점인 Dimension을 활용해서 진행할 수 있게 된다. 예를 들어, 마케팅 유입 채널이나 신규 방문자 대비 재방문자 비율, 또는 성별과 같은 다양한 관점을 가지고 판매 매출과 같은 KPI를 분석해 나가면서 의미 있는 인사이트를 얻는 것이다.

전체 매출액은 어떻게 되는지, 그중 남성 유저 비율은 어떻게 되는지, 마케팅 유입 채널별 매출은 어떻게 되는지, 월별 매출 추이는 어떻게 되는지와 같은 관점으로 분석을 하면서 의미 있는 인사이트를 도출해 내는 것이다.

◆ Goal(목표)을 추가하려는 View에 대한 기본 셋업

구글 애널리틱스를 활용해 의미 있는 의사결정을 진행하는 데 필수인 Goal 셋업은, 기본 데이터를 저장하는 View 단위로 진행된다. 따라서 Goal을 추가할 View를 선택하도록 하겠다. 여기서는 Live View를 선택해보자.

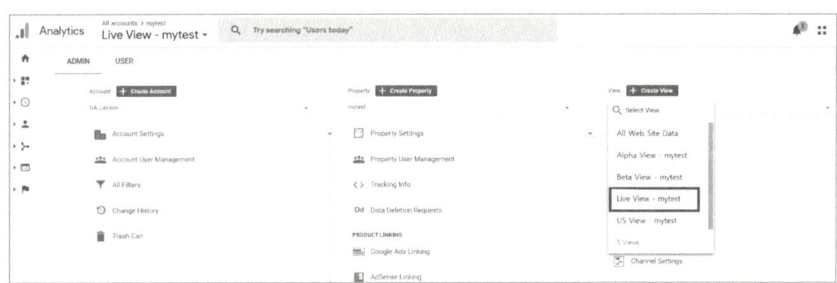

| [도표 100] Goal 셋업을 하려는 View 선택

Goal(목표) 셋업시에 금전 가치 모델을 활성화하기 위해서 Live View의 'View Settings'를 선택하고 Currency displayed as를 'South Korean Won (KRW ₩)'로 변경하고 'Save' 버튼을 클릭해서 변경된 정보를 저장한다. 이제 Goal(목표) 설정 시에 금전 가치 모델의 화폐 단위가 '원'으로 표시된다.

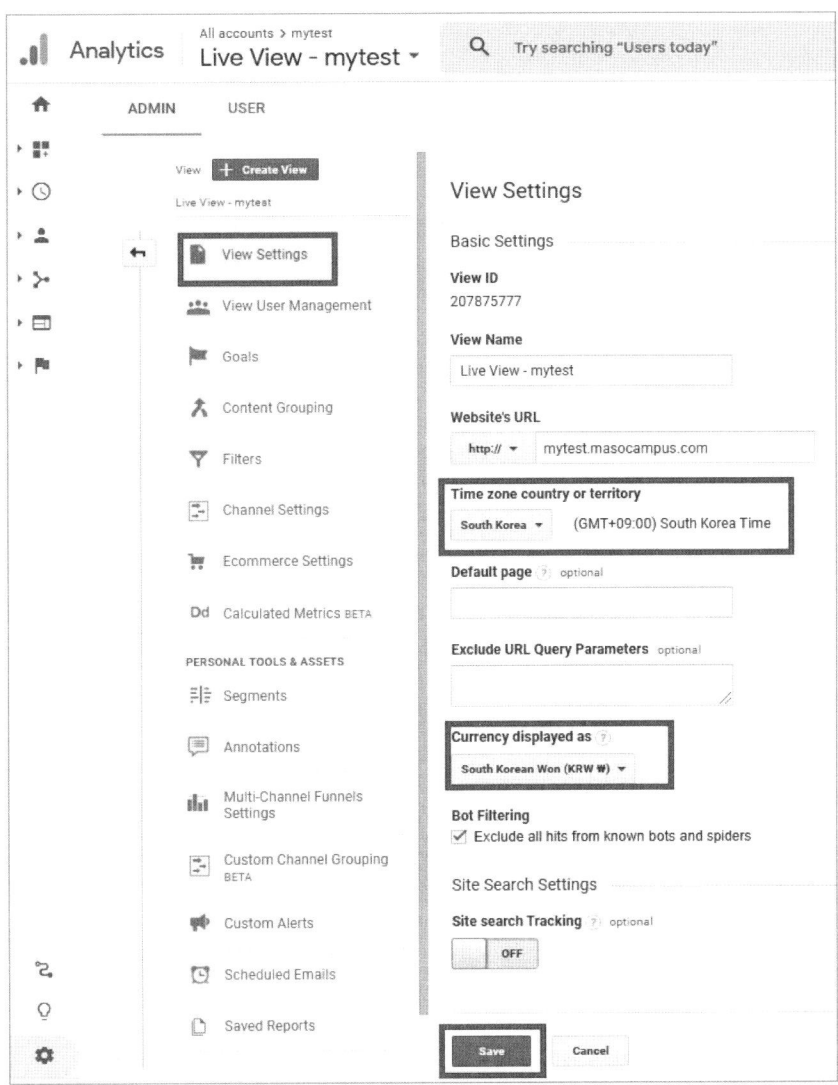

| [도표 101] 금전 가치 모델을 도입하기 위한 화폐 단위 설정 화면

◆ 분석 대상 웹 사이트의 운영 목표 이해하기

분석 대상 웹 사이트는 쇼핑몰 페이지를 중심으로 한 전자 상거래 사이트이다. 이 사이트의 주요 운영 목표는 쇼핑몰 페이지(/shop)로 트래픽을 유입시켜 상품을 인터넷상에서 판매하는 것이다.

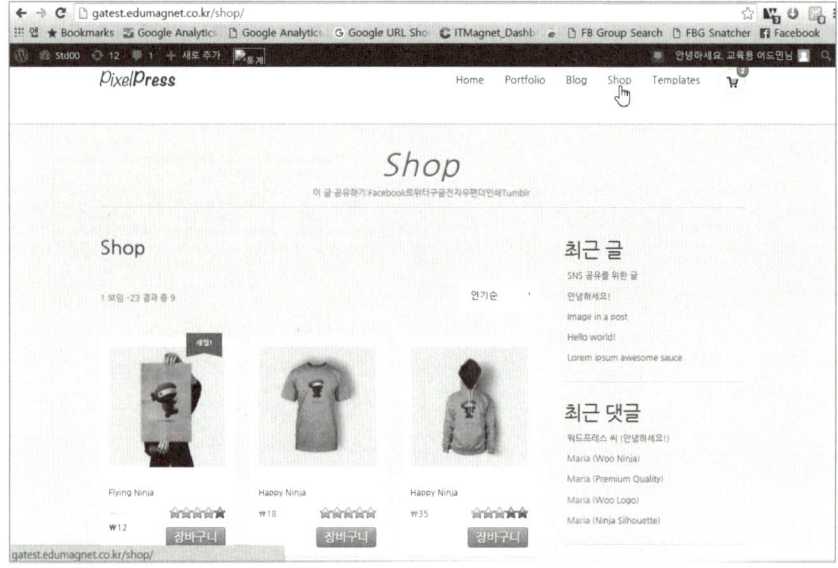

| [도표 102] 실습용 데모 웹 사이트 shop 화면

 방문자가 물건에 관심이 있어서 반팔 티셔츠를 장바구니에 담는 경우, 유저는 장바구니 페이지(/cart)로 이동하게 된다. 방문자가 이 물건이 마음에 들어서 물건을 구매하려고 한다면 '결제로 진행' 버튼을 클릭해서 결제 화면 페이지(/checkout)로 이동한다. 결제 화면 페이지에서 신용카드 정보 등을 정상적으로 입력하고 물건 구매를 정상적으로 완료하는 경우 최종적으로 감사 메시지를 화면에 표시하는 구매완료 페이지(/thank-you)로 이동하게 된다.

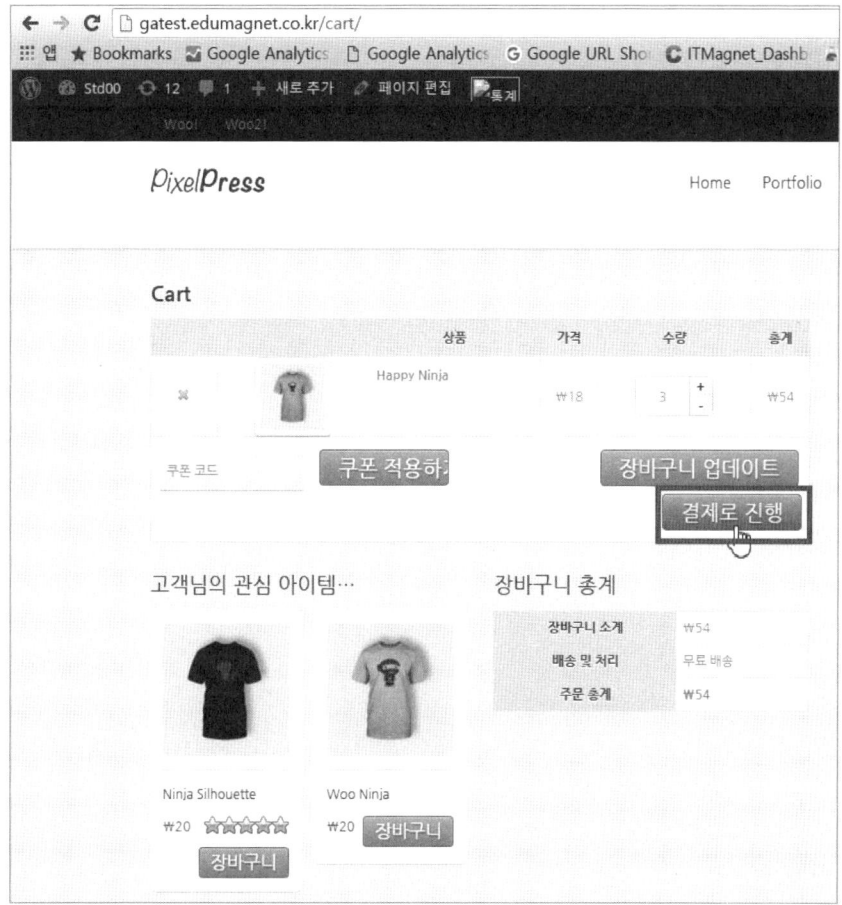

| [도표 103] 실습용 데모 웹 사이트 장바구니 화면

　이와 같이 웹 사이트를 운영하면서 전략적으로 중요한 페이지를 구분하는 단위는 URL이 되며, 구글 애널리틱스와 같은 분석 도구를 각 페이지들 사이의 중요도를 학습하고 있지 않기 때문에 현재는 모든 URL을 동일한 중요도로 트래킹하며, 이런 상태를 트래픽 중심의 양적 분석 상태라고 이야기한다.

　구글 애널리틱스를 활용한 질적 분석을 진행하려면 웹 사이트 운영자가

인지하는 각 웹페이지별 중요도를 URL과 같은 정보를 활용해서 구글 애널리틱스를 학습시켜야 되는데, 이렇게 구글 애널리틱스를 학습시킬 정보를 설정하는 일을 Goal(목표) 설정이라고 한다.

◆ Goal(목표) 설정 메뉴로 진입하기

Admin 메뉴를 클릭하고, Goal(목표)을 추가하기 위한 View를 선택한 뒤 (예제의 경우 Live View를 활용함), 'Goals' 메뉴를 클릭한다.

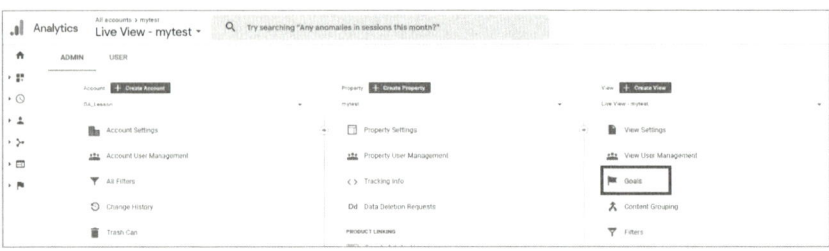

| [도표 104] Goal 셋업 시작 화면

Goals 메뉴 항목에서 'New Goal' 버튼을 클릭해서 목표 정보를 설정하도록 한다.

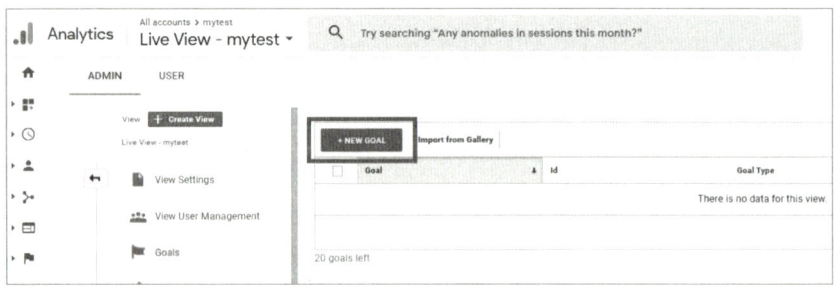

| [도표 105] Goal 셋업에서 Goal 생성 시작 화면

◆ 첫 번째 Goal(목표) - 장바구니 담기 목표 학습시키기

'Goal description' 항목의 Name 부분에 '장바구니 담기'라고 이름을 입력하고 Type 항목에서 'Destination'을 선택한 후, 'Continue' 버튼을 클릭한다.

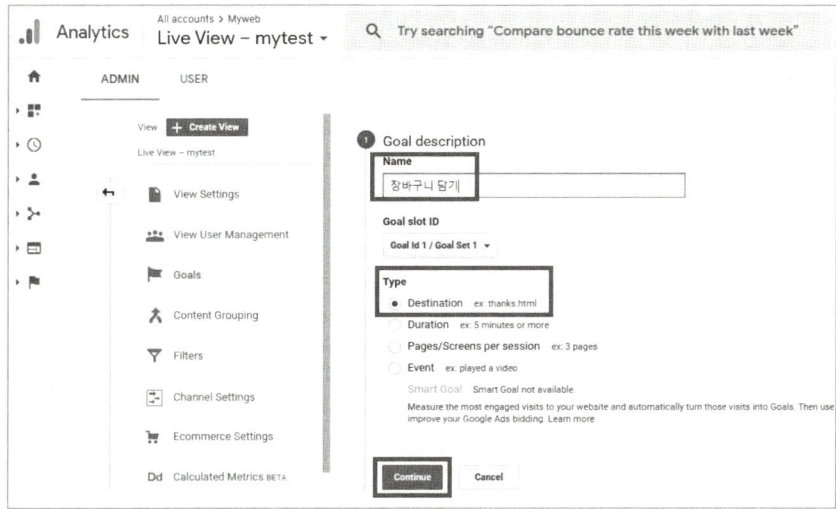

| [도표 106] 장바구니 담기 Goal 셋업 첫 번째 단계

'Goal details' 항목 하단의 'Destination' 항목에서 'Begins with'를 선택하고 우측 입력 항목에는 '/cart'라고 입력한다.

'Value' 항목에 10000 ₩KRW을 입력하고 'Save' 버튼을 클릭한다.

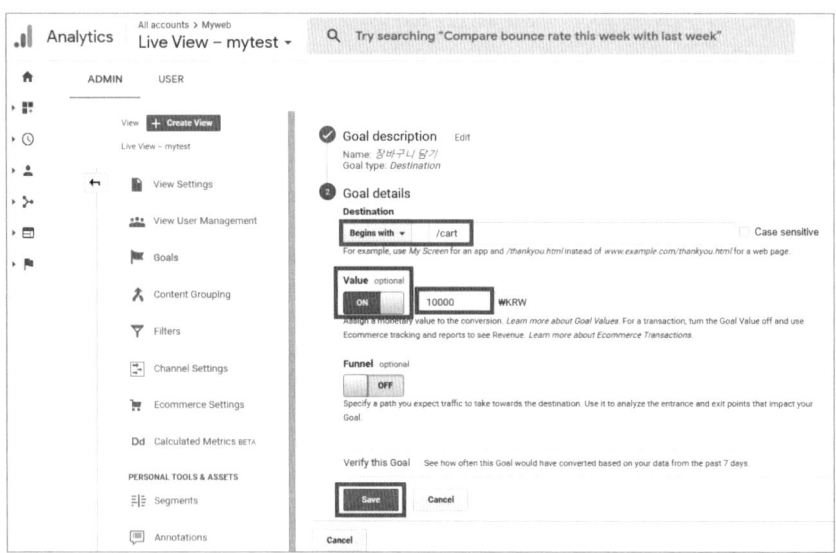

| [도표 107] 장바구니 담기 Goal 셋업 두 번째 단계

    Destination의 의미는 이 Goal의 달성 여부를 어떤 방식으로 측정할지 결정하는 것으로, 입력된 특정 페이지의 URL이 실행되면 해당 Goal이 달성된 것으로 판단하겠다는 의미이다. 즉 쇼핑몰에서 방문자가 상품을 조회하다가 마음에 드는 상품이 있으면 '장바구니 담기'를 클릭할 것이고, 그 경우 웹페이지 URL이 '/cart'인 페이지가 실행될 것이며, '장바구니 담기'라는 Goal이 달성된 것으로 측정되어서 구글 애널리틱스는 유저가 상품에 관심을 가지고 해당 상품을 장바구니에 담았다는 사실을 분석할 수 있게 된다.

    그런데 여기서 Destination 페이지를 지정할 때 'Equals to / Begins with / Regular Expression' 같은 것을 선택하도록 되어 있는데, 그 의미는 다음과 같다. 먼저 유저가 '장바구니 담기'를 클릭해서 이동되는 페이지 이름인 '/cart' 뒤에 '?%$'와 같은 이상한 값들이 나온다로 하더라도 이 '/cart'로 표현되는 모든 URL이 '장바구니 담기'라는 목표가 달성된 것으로 판단하려는 경우에는 'Begins with'를 선택하면 되고, 반드시 '/cart'라는 URL 과 완벽하게 일치하는 것만을 '장바구니 담기'라는 목표가 완료된 것으로 판단하려면 'Equals to'를 선택하면 된다. 일반적으로 'Begins with'를 많이 사용한다.

그리고 Value란 이 페이지가 실행되는 상대적 가치를 금전 가치 모델로 표현하는 것이다. 여러 Goal들 중에서 이 Goal의 상대적인 가치를 금전 화폐로 표현되도록 측정하라는 의미로, '장바구니 담기'의 금전 가치를 10000 원으로 설정하겠다.

또한 이 값은 기본 보고서 중 'Behavior > Site Content > All Pages' 보고서에 나오는 Page에 대한 Page Value를 계산할 때 기댓값을 도출하는 기준으로 활용한다. 즉 '장바구니 담기'라는 목표에 기여하는 웹 사이트 내부의 다양한 페이지를 경유해서 이 목표까지 도달하는 데 경유 페이지들이 얼마나 이 목표 달성에 기여했는지 금전 가치 모델로 환산해서 표현하는 것이다. 이 값을 활용해서 사이트 개편 계획 등을 도출하는 데 사용할 수 있다.

[도표 108]에서 보이듯 '장바구니 담기'라는 Goal(목표)가 추가되었음을 확인할 수 있다.

| [도표 108] 장바구니 담기 Goal 셋업 완료 확인

◆ 두 번째 Goal(목표) - 구매완료 목표 학습시키기

'New Goal' 버튼을 클릭하면 나오는 'Goal description' 항목의 Name 부분에 '구매완료'라고 이름을 입력하고 Type 항목에서 'Destination'을 선택한 후, 'Continue' 버튼을 클릭한다.

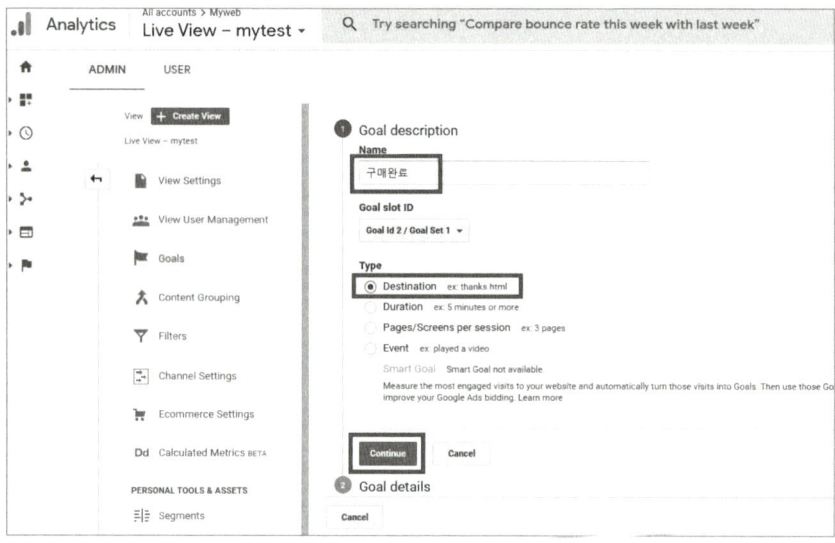

| [도표 109] 구매완료 Goal 셋업 첫 번째 단계

'Goal details' 항목 하단의 'Destination' 항목에서 'Begins with'를 선택하고 우측 입력 항목에는 '/thank-you'라고 입력한다.

'Value' 항목을 On으로 설정하고 20000 ₩KRW로 입력한다.

Funnel 항목을 On으로 설정하고 3단계 Step 항목을 다음과 같이 입력한 후 'Save' 버튼을 클릭한다.

1 쇼핑몰 /shop

2 장바구니 /cart

3. 결제진행 /checkout

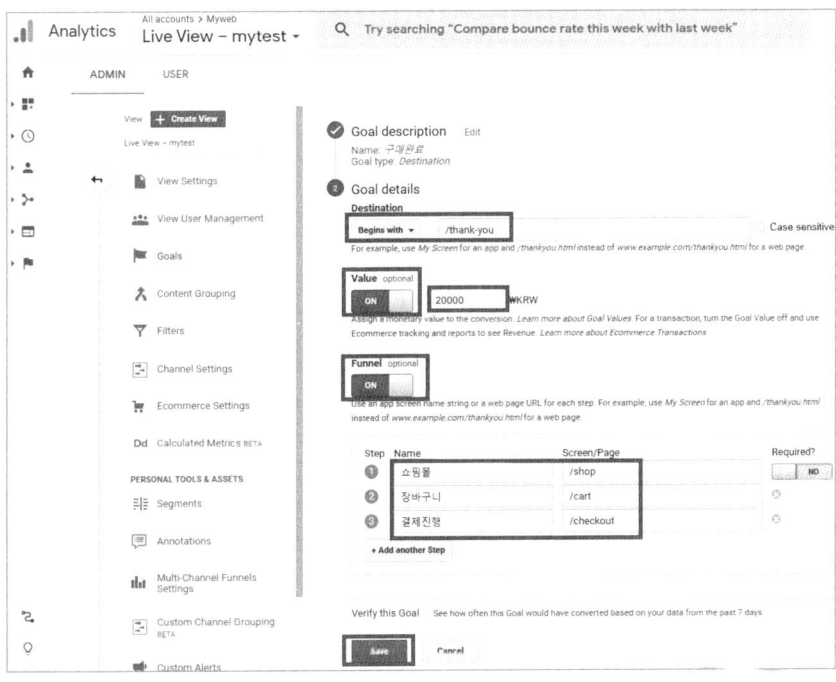

| [도표 110] 구매완료 Goal 셋업 두 번째 단계

[도표 110]와 같이 Funnel 분석을 진행하려면 구매완료 페이지(/thank-you)까지 도달하는 페이지별 단계를 입력해 주면 된다. 일반적으로 구매 시작은 쇼핑몰에 해당하는 /shop URL을 통해서 시작하고, 장바구니에 도달하는 것은 /cart URL로 표현되며, 신용카드 정보 등을 입력하는 결제 페이지에 진입하는 것은 /checkout URL로 표현된다. 결제가 정상적으로 완

료되는 경우 최종적으로 /thank-you URL에 도달해서 구매완료가 된다.

이와 같이 결제가 완료될 때까지의 주요 단계를 구글 애널리틱스에게 학습시키면 구글 애널리틱스가 모든 방문자의 사용 URL을 분석해서 Funnel 분석 보고서라는 정보를 제공한다.

그리고 Funnel의 첫 번째 단계 우측의 Required는 기본적으로 'No'로 설정할 것을 추천한다. 만약 Required가 'Yes'로 설정되어 있으면 모든 트래픽 중에서 시작 트래픽이 /shop인 경우에 대해서만 퍼널 분석을 진행하라는 의미가 된다. 실제 구매완료가 이루어질 때까지 유저의 접속 경로는 매우 다양할 수 있기 때문에, Required는 'No'로 설정해서 분석을 진행하는 것이 일반적이다. 이렇게 해서 Funnel 분석까지 진행하는 두 번째 구매완료라는 Goal을 생성해 보았다.

Funnel 분석을 설정한 후 구글 애널리틱스를 이용해서 Funnel 분석을 진행하려면 아래 보고서를 실행하면 된다.

- 보고서 실행 위치: Conversions 보고서 > Goals > Funnel Visualization

보고서를 실행시킨 후 분석하고자 하는 목표(Goal)를 '구매완료'를 선택하면 퍼널 분석이 가능한 Visualization 보고서가 실행된다. 이제 Funnel 분석 보고서를 활용하면 '쇼핑몰 > 장바구니 > 결제 진행 > 구매완료' 과정에서 어떤 페이지를 통해서 방문자가 유입되고 이탈되는지에 대한 상세 분석을 진행할 수 있게 된다.

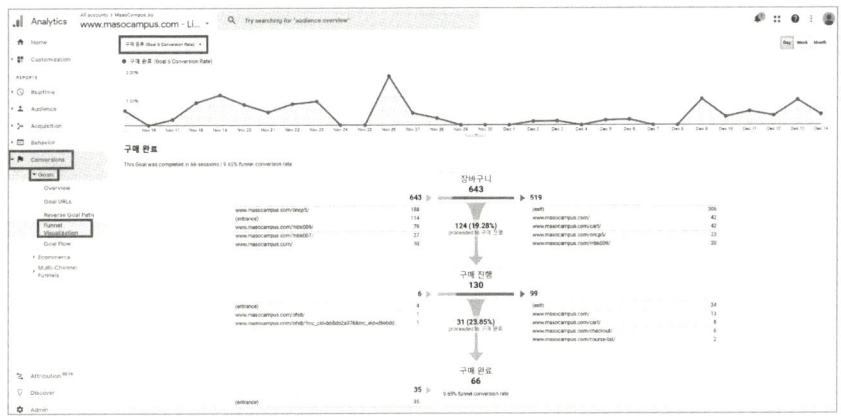

| [도표 111] 구매완료 Goal 셋업 후 전환 보고서 중 Goals – Funnel Visualization 보고서 화면

◆ 세 번째 Goal(목표) – 체류 시간 목표 학습시키기

'New Goal' 버튼을 클릭하면 나오는 'Goal description' 항목의 Name 부분에 '사이트 Engagement – 체류 시간'이라고 이름을 입력하고 Type 항목에서 'Duration'을 선택한 뒤 'Continue' 버튼을 클릭한다.

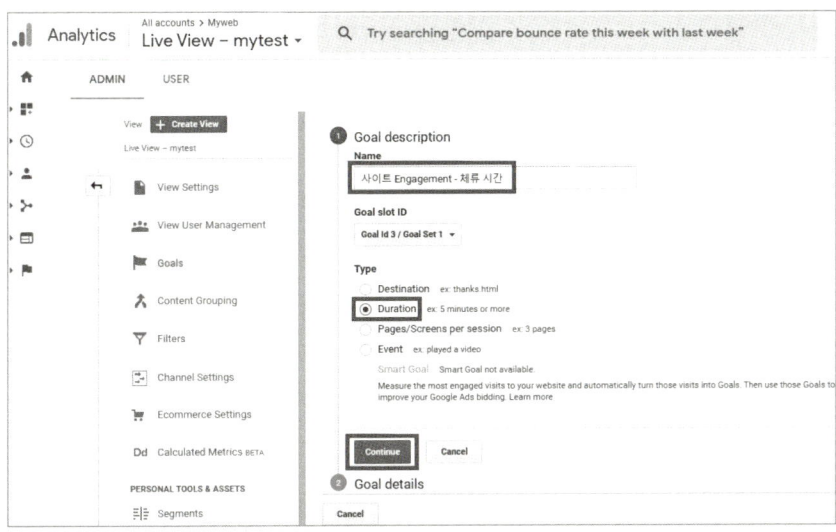

| [도표 112] 체류 시간 Goal 셋업 첫 번째 단계

'Goal details' 항목 하단의 'Duration' 항목에서 10분을 입력하는데, 방문자가 사이트에 10분 이상 체류할 경우, 이 방문자를 사이트 충성도가 높은 방문자로 트래킹하겠다는 의미이다.

이러한 목표를 달성한 경우의 금전 가치를 입력하기 위해 Value 버튼을 클릭한 후 500을 입력한다. 이 Goal Value의 의미는 생성한 각 Goal(목표) 간의 상대적인 가중치를 금전 가치로 표현하겠다는 의미이다. 다음으로 'save'를 클릭한다.

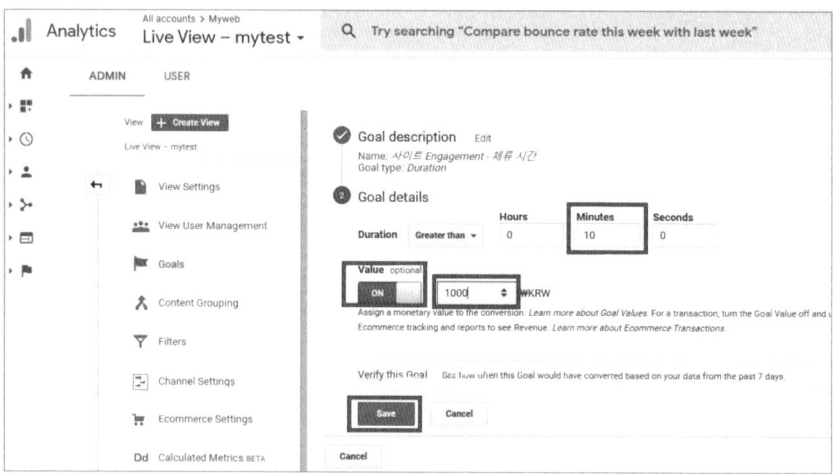

| [도표 113] 체류 시간 Goal 셋업 두 번째 단계

◆ **네 번째 Goal(목표) – 페이지뷰 목표 학습시키기**

'New Goal' 버튼을 클릭하면 나오는 'Goal description' 항목의 Name 부분에 '사이트 Engagement – 페이지뷰'라는 이름을 입력하고, Type 항목에서 'Pages/Screens per Session'을 선택한 후 'Continue' 버튼을 클릭한다.

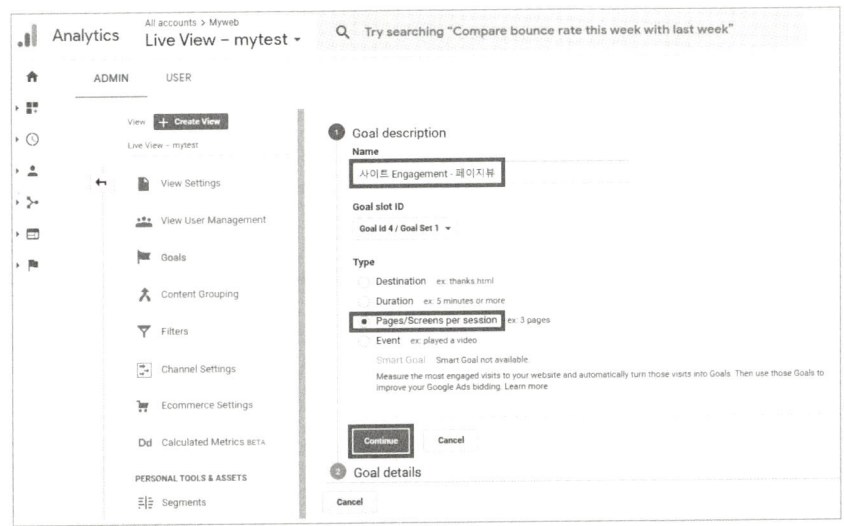

[도표 114] 페이지뷰 Goal 셋업 두 번째 단계

'Goal details' 항목 하단의 'Pages/Screens per session' 항목에서 5를 입력하는데, 이는 방문자가 사이트에 방문했을 때 사용하는 페이지가 5개 이상이라면 이 방문자를 사이트 충성도가 높은 방문자로 트래킹하겠다는 의미이다.

이러한 목표를 달성한 경우의 금전 가치는 500으로 설정하겠다. Value 버튼을 클릭 후 500을 입력하고 'save'를 클릭한다.

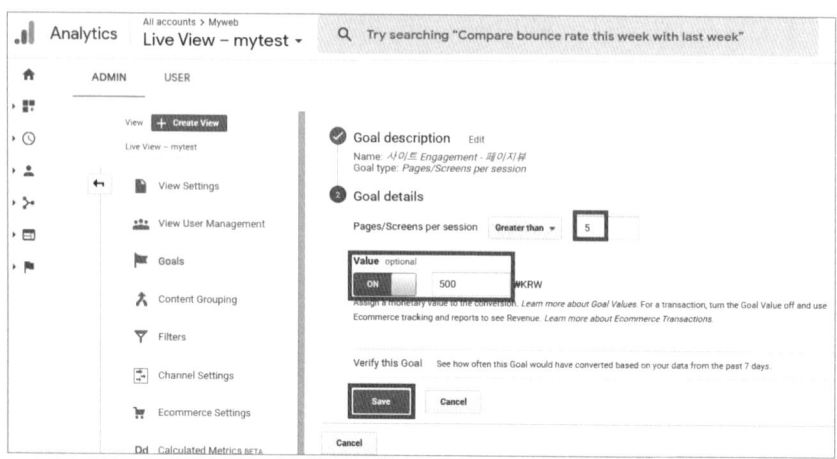

| [도표 115] 페이지뷰 Goal 셋업 세 번째 단계

    Goal이 설정되면 구글 애널리틱스를 활용해서 Goal에 해당하는 목표를 중심으로 다양한 질적 분석을 할 수 있다. 이제 웹 사이트로 유입된 다양한 트래픽 분석을 진행하면 유입된 트래픽이 사이트 운영의 네 가지 목표를 달성하는데 실질적으로 어떻게 기여했는지에 대한 분석이 가능해진다.

| [도표 116] 네 가지 Goal 셋업 완료 화면

    [도표 117]의 Channels 보고서를 활용해서 주요 접속 채널들에 대한 유입 트래픽 분석을 진행해보면, Referral을 통해서 유입된 방문 수는 6,413

이고 방문당 페이지뷰는 1.49, 방문당 체류 시간은 1분 정도이며, 장바구
니 담기까지의 전환율은 약 4.74% 정도다. 그런데 Email를 통해 유입된 방
문 수는 144이고 방문당 페이지뷰는 2.18, 방문당 체류 시간은 3분 정도이
며, 장바구니 담기까지 진행하는 전환율은 13.04%이므로 트래픽에 대한 양
적 지표 관점(방문 수)에서는 Referral을 통해서 유입된 트래픽이 훨씬 많
지만, 사이트 운영 목표인 장바구니 담기에 기여하는 트래픽 채널은 Email
이라고 분석할 수 있다.

이러한 분석 과정을 통해 업무에 적용 가능한 인사이트를 도출해 본다면,
이 웹 사이트의 경우 발송되는 Email을 받도록 만드는 리드 확보 마케팅 캠
페인과 Email을 통해 자사 상품 및 마케팅 이벤트 알림을 보내주는 것이 실
질적인 매출 증대에 기여할 수 있다는 가설을 수립해서 업무에 적용하고, 적
용된 결과를 다시 분석해볼 수 있다.

| [도표 117] 장바구니 담기 Goal 중심 트래픽 분석 화면

GOOGLE
ANALYTICS

CHAPTER

08

구글 애널리틱스
주요 Interface 이해하기

구글 애널리틱스 주요
Interface 이해하기

주요 보고서 활용의 핵심 요소 디멘전(Dimensions)과 메트릭스(Metrics)

구글 애널리틱스가 제공하는 모든 보고서는 '디멘전'과 '메트릭스'로 구성되며, 이 디멘전과 메트릭스를 활용해서 데이터 분석가가 보고서의 내용을 해석하게 된다.

◆ **디멘전 이해하기**

디멘전이란 다차원 데이터에서 심층 비즈니스 분석이 가능하도록 데이터를 구성하는 기준 정보 구조를 의미한다. 즉, 데이터 분석가 입장에서 데이터 분석을 진행할 때 필요한 여러 가지 관점 정보라고 이야기할 수 있다.

[도표 118]의 남성이 분석 대상 웹 사이트에 방문한 방문자라고 한다면, 이 방문자는 구글 애널리틱스 관점에서는 세 번째 방문자이며, 웹페이지를 X 회 읽어 본 사람이고, 서울에 사는 직장인이며, 크롬 브라우저를 사용해서 접속했으며, 검색 광고를 통해서 유입되었고, KT 네트워크 회선을 통해

Dimension 조회 : https://developers.google.com/analytics/devguides/reporting/core/dimsmets

| [도표 118] 온라인 방문자에게서 얻을 수 있는 정보

서 접속한 사람이라는 정보를 파악할 수 있다. 이렇게 데이터 분석가에게 분석을 위해 제공되는 다양한 관점 정보가 바로 디멘전이다.

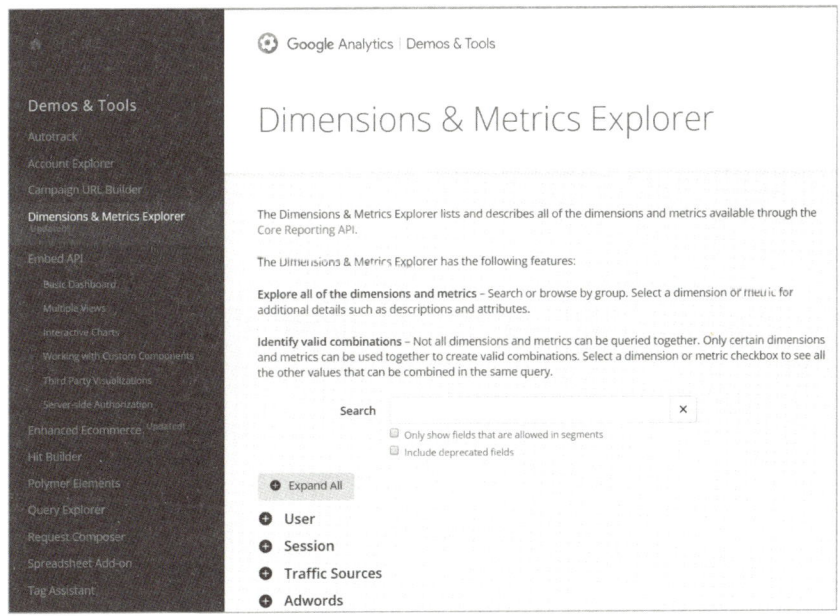

| [도표 119] 구글 애널리틱스 디멘전과 메트릭스 소개 및 설명 화면

구글 애널리틱스가 제공하는 디멘전은 120여 개 항목이 있으며, 이 디멘전에 대한 자세한 항목별은 아래 URL에서 확인할 수 있다.

- Dimensions & Metrics Explorer URL:

    https://developers.google.com/analytics/devguides/reporting/core/dimsmets

예를 들어, 트래픽 소스 관점에서 제공하는 여러 디멘전 중에 Full Referrer라는 것이 있는데, 이 Full Referrer는 hostname과 path 정보까지를 포함한 전체 URL 정보를 제공하는 디멘전에 해당한다.

```
Full Referrer    ga:fullReferrer
The full referring URL including the hostname and path.
Data Type: STRING
Added in API Version 3
Permalink
```

| [도표 120] Full Referrer 디멘전 세부 내용

구글 애널리틱스가 제공하는 120여 개 디멘전의 이름을 알고 있으면, 특정 디멘전을 직접 검색하여 의미를 쉽게 확인해볼 수 있으므로, 구글 애널리틱스가 제공하는 120여 개의 디멘전에는 무엇이 있는지를 먼저 파악해야 한다.

◆ 메트릭스 이해하기

메트릭스란 데이터 분석을 진행하고자 하는 속성에 대한 측정 가능한 값을 나타내는 말로, 디멘전의 특성을 측정할 수 있는 수치화 표현 값을 가리킨다.

Region	Gender	Acquisition: Users	Acquisition: New Users	Acquisition: Sessions	Behavior: Bounce Rate	Behavior: Pages / Session	Behavior: Avg. Session Duration	Conversions (Goal 7: 장바구니 담기): 장바구니 담기 (Goal 7 Conversion Rate)
		4,680 % of Total: 37.14% (12,601)	4,251 % of Total: 37.71% (11,273)	5,822 % of Total: 35.79% (16,265)	73.38% Avg for View: 77.66% (-5.52%)	1.78 Avg for View: 1.67 (6.51%)	00:00:56 Avg for View: 00:00:58 (-2.24%)	5.20% Avg for View: 3.95% (31.56%)
1. Seoul	male	1,452 (30.90%)	1,322 (31.10%)	1,848 (31.74%)	75.00%	1.78	00:01:09	5.95%
2. Seoul	female	1,165 (24.47%)	1,031 (24.25%)	1,480 (25.42%)	74.05%	1.84	00:00:58	4.19%
3. Gyeonggi-do	male	490 (10.29%)	438 (10.30%)	559 (9.60%)	69.05%	1.95	00:00:46	5.37%
4. Gyeonggi-do	female	299 (6.28%)	265 (6.23%)	353 (6.06%)	72.52%	1.77	00:01:06	3.97%
5. Busan	male	192 (4.03%)	175 (4.12%)	233 (4.00%)	72.96%	1.80	00:01:16	7.30%
6. Busan	female	136 (2.86%)	112 (2.63%)	157 (2.70%)	78.98%	1.20	00:00:26	2.55%
7. Daegu	male	90 (1.89%)	80 (1.84%)	98 (1.68%)	74.49%	1.56	00:00:38	4.08%
8. Incheon	male	90 (1.89%)	80 (1.88%)	100 (1.72%)	72.00%	1.60	00:00:46	3.00%
9. Gyeongsangbuk-do	male	61 (1.28%)	57 (1.34%)	96 (1.65%)	71.88%	1.53	00:00:17	8.33%
10. Incheon	female	58 (1.22%)	51 (1.20%)	62 (1.06%)	66.13%	1.71	00:01:07	6.45%

| [도표 121] 디멘전과 메트릭스

[도표 121]의 우측 영역인 'Acquisition / Behavior / Conversions' 섹션 하위에 있는 항목 값들이 메트릭스이며, 이 항목에서 사용되는 주요 메트릭스의 의미는 다음과 같다.

- Sessions: 방문 수

- New Users: 신규 유저 수

- Bounce Rate: 방문자들이 단지 1페이지만을 읽고 사이트를 떠난 비율. 이 비율이 높다면 방문자들과 사이트와의 궁합이 좋지 않거나, 방문자들을 유입시킨 랜딩 페이지의 구성에 문제가 있을 수 있다는 의미

로 해석할 수 있음

- Pages/Session: 방문당 페이지 뷰

- Avg. Session Duration: 평균 체류 시간

구글 애널리틱스가 제공하는 메트릭스 역시 120여 개 항목이 있으며, 이 메트릭스에 대한 자세한 항목별 설명은 아래 URL에서 확인할 수 있다. 디멘전에 대한 정보를 제공하는 URL과 동일하다.

- Dimensions & Metrics Explorer URL:
  https://developers.google.com/analytics/devguides/reporting/core/dimsmets

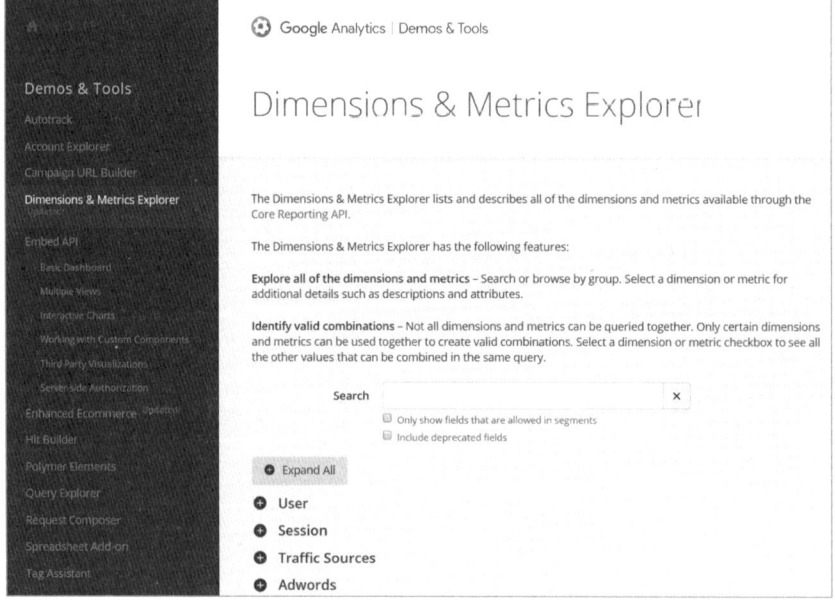

| [도표 122] 구글 애널리틱스 디멘전과 메트릭스 소개 및 설명 화면

예를 들어, 방문자 관점에서 제공하는 여러 메트릭스 중에 users라는 것이 있는데, 이 users는 조회 시간 동안에 방문한 전체 유저 수를 나타내는 매트릭스이다.

```
Metrics
  ☐ Users   ga:users
  The total number of users for the requested time period.
  Data Type: INTEGER
  Added in API Version 3
  Permalink
```

| [도표 123] Users 메트릭스 세부 내용

따라서 구글 애널리틱스가 제공하는 120여 개 메트릭스 중 몇몇 메트릭스의 이름을 알고 있으면, 특정 메트릭스를 직접 검색해봄으로써 의미를 금방 확인할 수 있으므로, 구글 애널리틱스를 통한 데이터 분석을 진행하기 위해서는 제공되는 120여 개의 메트릭스가 무엇인지를 먼저 파악해야 한다.

구글 애널리틱스 주요 인터페이스 이해하기

◆ Home 화면

구글 애널리틱스에 접속하면 화면 좌측에 주메뉴 영역이 있는데, Home, Customization, Reports 영역으로 묶인 Realtime, Audience, Acquisition, Behavior, Conversions, 베타 버전의 Attribution, Discover, Admin 메뉴가 그것이다. 그중 최초로 실행되는 화면은 바로 Home 화면이다.

화면 상단에는 보고서의 데이터 원천 소스를 지정하기 위해 사용할 View를 선택하는 메뉴가 있으며, 화면 우측에는 데이터 조회 조건 날짜를 설정하는 메뉴가 있다.

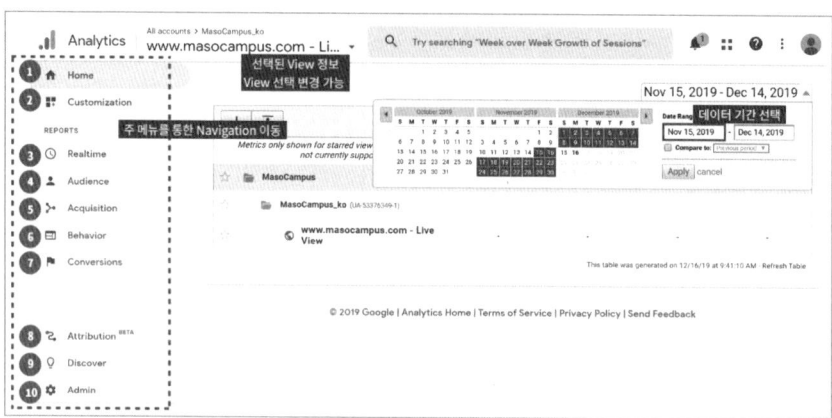

| [도표 124] 구글 애널리틱스 홈 화면 인터페이스

Home 화면 인터페이스를 살펴보면, 보고서에서 활용할 뷰를 선택하는 메뉴가 있다. 구글 애널리틱스 보고서를 구성하는 가장 기본 단위가 뷰이기 때문에, 항상 활용하는 보고서가 어떤 뷰를 기반으로 데이터를 표현할 것인지를 설정해야 한다.

Home 메뉴를 포함한 주메뉴 영역의 4개 항목에 대한 자세한 설명은 다음과 같다.

1. Home: 구글 애널리틱스에 로그인 시 Default 화면으로 이동함. 권한이 부여된 View 정보를 볼 수 있음

2. Customization: 120여 개의 디멘전 메트릭스의 조합을 통해 데이터 분석자가 원하는 보고서를 만들어 다양한 분석이 가능한 화면으로 이동함

   2.1 Dashboard: 구글 애널리틱스에서 다양한 차트나 표 형식의 보고서를 중앙 집중적으로 관리하고 찾을 수 있도록 하는 계기판 형식의 관리자 화면. 여러 리포트 중 필요한 차트나 표를 복사해서 구성한 요약 보고서 화면이라고 생각할 수 있으며, 다양한 형식의 Dashboard를 만들고 서로 다른 계정간에 유용한 Dashboard를 공유하는 것이 가능함

Reports 영역 - 구글 애널리틱스에서 제공하는 기본 보고서 영역

3. Realtime: 실시간(Real-Time) 보고서로 실시간 접속 유저에 관한 보고서 제공

4. Audience: 잠재 고객(Audience) 보고서로 방문자에 관한 다양한 보고서 제공

5. Acquisition: 획득(Acquisition) 보고서로 방문자들이 어떻게 웹 사이트에 유입되었는지에 대한 다양한 보고서 제공

6. Behavior: 방문 행태(Behavior) 보고서로 방문자들이 웹 사이트에서 어떤 콘텐츠를 보고, 어떤 페이지에서 다른 페이지로 이동하는지와 같은 방문자 행동 정보에 대한 보고서 제공

7. Conversions: 전환(Conversions) 보고서로, 목표(Goal) 달성에 대한 각종 유

의미한 보고서 제공

8. Attribution: 현재 베타 버전으로 나와 있는 Attribution 화면으로 이동함

9. Discover: 구글 애널리틱스 기능 설명 및 다른 구글 서비스 안내 화면으로 이동함

10. Admin: 구글 애널리틱스 Object에 대한 셋업을 진행하기 위한 관리자 화면으로 이동함

◆ Reports 영역

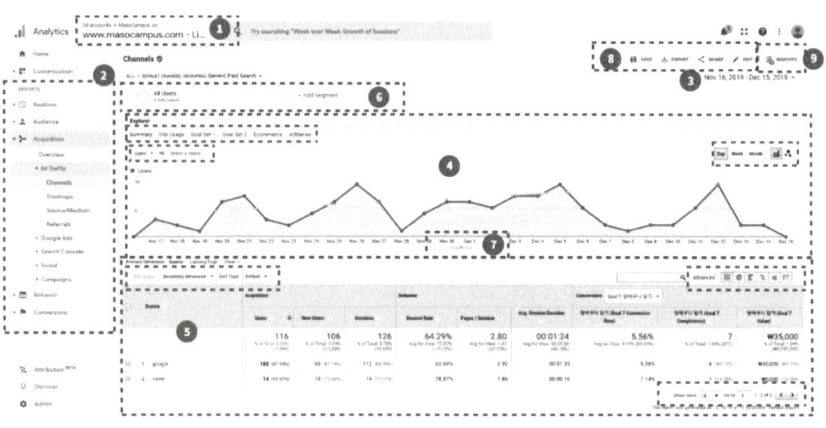

[도표 125] 구글 애널리틱스 보고서 화면 인터페이스

이번에는 Reports 영역에서 보고서를 선택했을 때의 인터페이스를 살펴보도록 하자. [도표 125]는 Acquisition 〉 all Traffic 〉 Channels을 클릭하여 접속한 화면이다. 구글 애널리틱스를 활용한 데이터 분석을 진행할 때 가장

자주 사용하는 메뉴가 Reports 영역의 메뉴들이 될 것이다.

구글 애널리틱스를 처음 접하는 데이터 분석가들은 UI가 복잡하다는 반응을 많이 보인다. 하지만 구글 애널리틱스의 매뉴얼에 의하면 이러한 UI는 유저의 시선의 움직임에 따라 최적화된 메뉴 배치라고 한다. 즉, 유저가 구글 애널리틱스에 접속했을 때 일반적으로 화면 상단의 View 정보를 먼저 보고, 그다음 좌측에 있는 정보들(주메뉴: Home / Custimization / Reports 영역 / Attribution / Discover / Admin)으로 시선이 위에서 아래로 이동하고, 그다음으로 우측 상단(3번, 8번, 9번)로 움직이며, 마지막으로 보고서의 상세 데이터 영역 쪽으로 시선을 옮기는 것이 일반적인 사용자 시선 패턴이라고 한다. 이러한 유저 시선의 움직임에 따라 구글 애널리틱스 메뉴 영역을 배치했다는 것이다.

1번부터 9번까지 각 메뉴에 대한 자세한 설명은 다음과 같다.

1. 보고서 기준 뷰 선택: 현재 보고서에서 사용할 기준 View를 선택하거나 변경할 수 있음

2. 주요 보고서 선택: 앞서 설명한 주메뉴들이 모여 있는 좌측 메뉴 바

3. 보고서 기준 날짜 선택: 사용자 설정 정보 하단의 날짜 입력 항목을 활용하면 보고서의 데이터 범위를 지정하기 위한 조회 조건 날짜를 지정할 수 있음

4. 차트 보기: 선택한 리포트에 대한 주요 지표를 차트 형태로 요약해서

제공함. Day(일간), Week(주간), Month(월간) 형식으로 선택 가능. Line Chart와 Motion Chart 형식을 지원함. 2개의 Metric을 선택해서 Metric 수치상 비교 데이터를 시각적으로 표현할 수 있음.

5. 표 보기: 상세 데이터를 다양한 디멘전(차원/관점)에서 비교 분석할 수 있는 영역. 표 형식 이외에 다양한 차트 형식의 보기를 지원함. 보이는 행 수 선택 및 변경이 가능하고, Pivot 기능 지원으로 고급 분석 진행이 가능함. 다양한 분석을 진행하기 위해서는 디멘전(차원/관점)과 메트릭스(단위 수치)에 대한 이해가 필요함

6. 세그먼트 선택: 하나의 데이터 셋을 다른 데이터 셋 기준(Segment)으로 표현 가능하게 하는 기능. 지리적, 인구통계학적 정보 등 다양한 기준으로 방문자의 행태를 이해할 수 있도록 도와줌

7. 주석 달기: 일 단위로 주석(annotation)을 입력해서 보고서의 일자별 상태를 해석하는 데 도움을 주는 기능임. 주석 내용은 본인만 조회하도록 하거나(Private) 공유 계정 사이에 내용을 공유하도록(Shared) 하는 것이 가능함.

8. 데이터 변경 및 공유:

   8.1. Save: 구글 애널리틱스가 제공하는 기본 보고서 형식을 활용해 직접 설정한 세부 세팅을 Customization 메뉴 하단의 Saved Reports에 저장하고, 지속적으로 업데이트되는 수치를 지정한 세팅 내용대로 볼 수 있음

   8.2. Export: 데이터를 외부 파일 형식으로 내보내는 기능. 하단의 'Show rows'에서 지정한 행만큼 Export됨

8.3. Share: 지정한 E-mail 계정으로 보고서를 자동 발송할 수 있음

8.4. Edit: 보고서에 표시되는 디멘전과 메트릭스를 원하는 형태로 변경하여 내 입맛에 맞는 맞춤 보고서를 만들 수 있음. 상단 메뉴 'Customization'과 동일한 기능을 수행함

9. Insights: 구글 애널리틱스에 연동한 웹 사이트에서 방문자 증가, 특정 랜딩 페이지에서의 전환율 감소와 같은 변화를 알려주고 웹 사이트의 패턴을 바탕으로 매출 예측과 실제 매출의 차이점 등을 알려줌. 또한 Insight tip들을 제공해서 내 웹 사이트 데이터를 분석해 인사이트를 얻는 로드맵을 follow-up question 형태로 제공함. 구글 애널리틱스의 모든 보고서 화면에서 액세스 가능함

1번 '보고서 기준 뷰 선택' 메뉴를 이용해서 보고서에서 어떤 뷰를 활용할지 선택할 수 있다. 구글 애널리틱스 보고서의 가장 기본 구성단위가 뷰이기 때문에, 활용하는 보고서가 어떤 뷰를 기반으로 데이터를 표시하는지 항상 확인할 필요가 있다.

| [도표 126] View 선택 화면

2번 '주요 보고서 선택'은 구글 애널리틱스가 제공하는 '주요 보고서(Core-Report)' 메뉴로, 이전 챕터에서 강조했던 다섯 가지 유형의 주요 보고서를 선

택할 수 있는 메뉴이다. 각 유형의 보고서마다 서브 메뉴를 제공하며 서브 메뉴에 해당하는 상세 보고서를 클릭해서 상세 보고서를 조회할 수 있다.

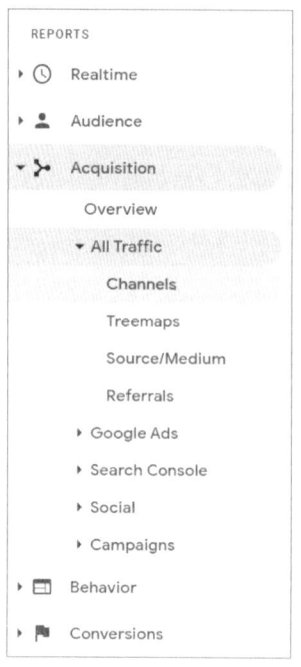

[도표 127] 구글 애널리틱스 보고서 세부 메뉴

3번 '보고서 기준 날짜 선택' 메뉴를 이용해서 데이터 분석가가 원하는 기간을 설정해서 보고서를 조회할 수 있다. 기본값은 최근 30일간의 데이터가 나온다. 만일 7일간의 데이터만을 보고자 한다면 데이터 조회 조건에 해당하는 일자를 최근 7일로 설정하고 데이터를 조회하면 된다. 그리고 Compare to라는 옵션을 활용해서 '전주 대비 이번 주'나 '전달 대비 이번 달'과 같이 특정 기간 사이의 데이터 차이를 비교할 수도 있다.

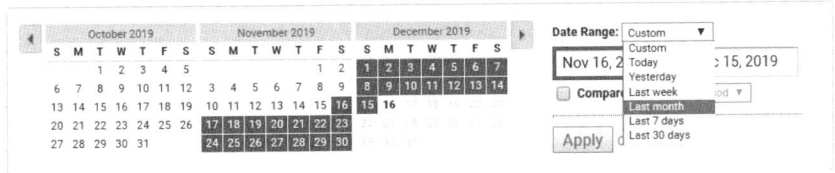

| [도표 128] 구글 애널리틱스 보고서 조회 기간 설정

    4번 영역에서 좌측 상단 'Explorer' 섹션 하단의 메뉴는 디멘전을 고정하고, 메트릭스 항목만 변경하면서 보고서를 조회하는 메뉴이다. Channels 보고서의 고정 디멘전은 'Default Channel Grouping'이며, 이 디멘전은 방문자가 분석 대상 웹 사이트까지 도달할 때 바로 이전 단계의 디지털 채널 정보를 제공한다. 이 메뉴의 Summary를 클릭하면 Summary에 해당하는 메트릭스인 'Acquisition / Behavior / Conversions'의 값을 확인할 수 있으며, Goal Set 1을 선택하면 Goal 중심의 메트릭스로 구성된 보고서를 조회할 수 있다. 즉 Summary, Site Usage, Goal Set 1, Ecommerce와 같은 선택 항목은 고정된 디멘전(예: Default Channel Grouping)에 대하여 모두 다른 메트릭스로 구성한 별개의 보고서라고 이해하면 된다.

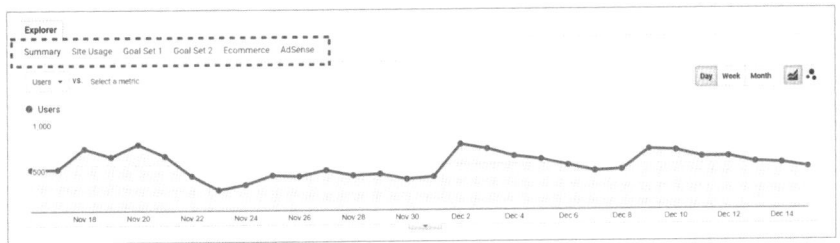

| [도표 129] 보고서 내 메트릭스 조회 옵션

특히, Summary 보고서는 [도표 130]와 같이 기본적으로 유저 방문에 대한 일반적인 패턴 정보와 보고서를 함께 제공한다.

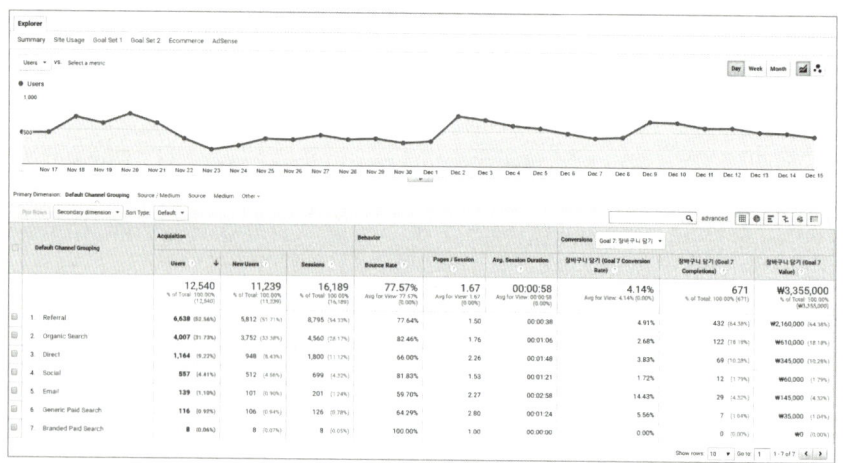

| [도표 130] 획득 보고서 중 All Traffic – Channels 보고서 화면

4번 영역의 우측 상단 메뉴는 데이터를 시각적으로 나타낼 데이터 주기(일별, 주별, 월별 등)를 설정하거나 데이터 시각화 유형(Line Chart 또는 Motion Chart)을 선택할 수 있다. 라인 차트(Line Chart)는 데이터 주기(일별, 주별, 월별) 방문 수를 라인 그래프 형식으로 보여주고, 모션 차트(Motion Chart)는 지정한 데이터 주기(일별, 주별, 월별)에 대한 방문 수의 변화를 시각적으로 표현함으로써 상세 데이터 분석을 위한 과거의 특정 시점을 찾는 일을 도와준다. 모션 차트를 사용하려면 플래시가 허용되어야 한다. 크롬 브라우저를 이용하는 경우 플래시가 차단된 경우가 많기에 플래시 기능을 허용하거나 모션 차트를 사용할 때는 플래시 차단을 하지 않는 인터넷 익스플로어 등 다른 브라우저로 살펴보는 방법을 사용하면 된다.

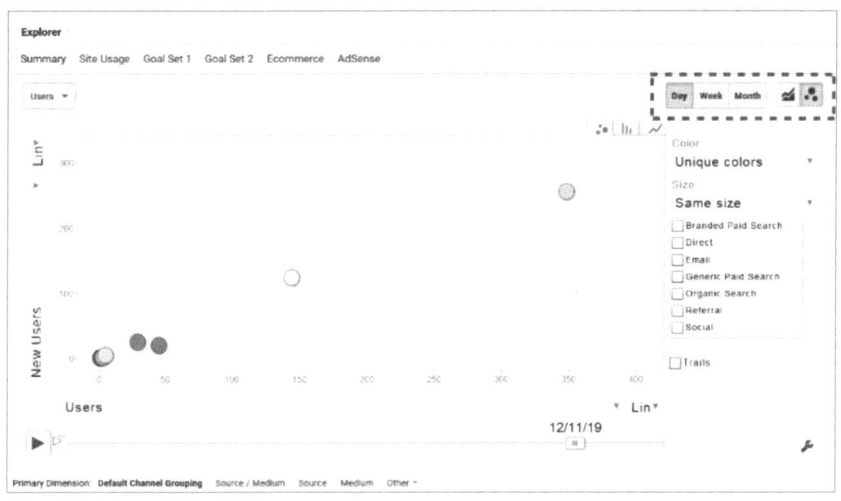

| [도표 131] 구글 애널리틱스 보고서 모션 차트(Motion Chart) 화면

이번에는 구글 애널리틱스를 활용해서 누적 데이터에 대한 데이터 분석을 효율적으로 진행하는 방법을 알아보자. 몇 개월간의 데이터가 주어졌는데, 여기서 의미 있는 인사이트를 도출하려면 어떻게 접근해야 할까? [도표 132]을 보면, 라인 차트에서 특정 기간의 트래픽 변동량이 매우 큰 지점이 존재할 것이다.

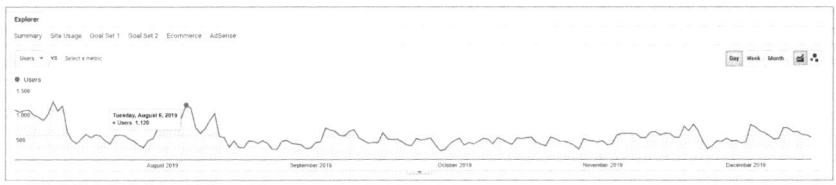

| [도표 132] 구글 애널리틱스 트래픽 변동 추이 라인 차트(Line Chart) 화면

4번 영역 우측 상단에서 모션 차트를 선택하고 모션을 실행해보면 각 분석 대상 채널이 원 형태로 표시되며, 채널별 트래픽 유입량이 이동하는 변

화가 시각적으로 쉽게 구분 가능하도록 나타난다. 또한 [도표 133]을 보면 2019년 8월 7일에 타 웹 사이트에 게시된 특정 링크를 통해 유입된 방문 수가 736명이라는 정보를 알 수 있으며, 이 방문은 다른 채널 대비 아주 높은 수치이다.

| [도표 133] 구글 애널리틱스 트래픽 변동 추이 모션 차트(Motion Chart) 화면

    2019년 8월 7일에 특정 링크를 걸은 곳을 Full Referral이라는 Secondary Demension을 설정하여 어느 웹 사이트 URL에서 사사 웹 사이트로 왔는지 이 채널의 효과에 대한 추가 분석을 할 수 있다. 이런 식으로 특정 시간대에서 시간의 흐름에 따른 방문 트래픽 이상치를 찾아낼 때 모션 차트를 유용하게 쓸 수 있다.

    5번 영역에 해당하는 상세 보고서는 보고서의 주요 디멘전(예: Default Channel Grouping)을 중심으로 여러 메트릭스가 펼쳐지는 표 형식의 보고서를 제공한다. [도표 134]에서 메트릭스 영역의 Sessions는 유저의 방문 수(Visit)를 의미하며, 브라우저에 URL을 직접 입력(Direct)하고 유입된 방문 수가 1,164명, 신규 유저는 948명이고, 전체 방문에서 신규 방문이 차지하는 비율이 81.4%가 된다는 사실을 읽을 수 있다.

| [도표 134] 획득 보고서 중 All Traffic – Channels 표 형식 보고서 화면

이렇게 유입된 방문자가 분석 대상 웹 사이트를 이용할 때 보이는 행동 패턴 정보가 있다. 방문자 행동 패턴을 분석하는 데 있어서 중요한 메트릭스가 Bounce Rate인데, Bounce Rate란 것은 방문자가 웹 사이트에 유입되었을 때 오직 1개의 페이지만 실행했다가 이탈한 비율을 말한다. 따라서 이 숫자가 높으면 유저와 사이트와 관련성 또는 랜딩 페이지의 구성이 좋지 않다고 해석할 수 있다.

Pages/Session은 방문자가 한번 방문했을 때 소비하는 페이지 양으로, 브라우저에 URL을 직접 입력(Direct)해 유입된 유저들이 2.26 페이지 정도를 소비하고, 검색엔진의 자연 검색 리스트(Organic Search)를 통해 유입된 유저들은 1.76 페이지 정도를 소비한다고 해석할 수 있다.

Avg. Session Duration(방문 당 체류 시간)을 보면 브라우저에 URL을 직접 입력(Direct)하고 유입된 유저들은 한 번 방문했을 때 1분 48초 정도 머무르며, 발송된 Email을 통해 유입된 유저들은 한 번 방문했을 때 2분 58초 정도를 머무르고 있다.

그리고, Conversions(전환) 메트릭스를 보면 이렇게 유입된 유저들 중 최종적으로 사이트 가입 페이지에 도달한 사람들이 어느 정도 분포를 보이는지, 그리고 이들 중에서 장바구니에 물건을 추가한 사람들은 어느 정도이며, 최종 구매완료를 진행한 사람들이 어느 정도가 되는지에 대한 정보를 기반으로 다양한 질적 분석을 진행할 수 있는 정보를 볼 수 있다.

5번 영역 우측 상단의 메뉴는 상세 보고서를 시각화하는 역할을 한다. 좌측의 'Data' 메뉴에서 지금까지 설명한 2차원 테이블 형식의 상세 보고서를 보여주고, 'percentage' 메뉴를 클릭하면 상세 정보들을 파이 차트 형식으로 볼 수 있다. 이처럼 데이터 분석을 조금 더 직관적으로 진행하기 위해서 데이터를 시각적으로 보여주는 기능을 사용할 수 있다.

| [도표 135] 상세 보고서 시각화 버튼

| [도표 136] 획득 보고서 중 All Traffic – Source & Medium 보고서(10 rows) 화면

이번에는 Source/Medium 보고서를 실행해 보았다. 현재 [도표 136]의 상세 보고서 영역에서 보이는 데이터는 10개에 불과하지만 실제 데이터에는 총 86개 항목이 있다. 이렇게 화면에 보이는 행 수는 상세 보고서 화면의 우측 하단의 'Show rows'라는 영역에서 설정 가능하다. 이 데이터를 외부 Excel 파일로 Export해서 조금 더 자세한 추가 분석을 진행하려고 한다면, 이 페이지에서 전체 데이터가 한 번에 보이도록 수치를 10개보다 더 늘려야 한다. 한 화면에 나오는 최대 데이터 수치는 5,000행까지이다. 여기서는 100으로 지정해서 엑셀로 Export한 결과를 보도록 하겠다.

	A	B	C	D	E	F	G	H	I	J
1	Source / Medium	Users	New Users	Sessions	Bounce Rate	Pages / Se	Avg. Session	장바구니 담기	장바구니 담기	장바구니 담기 (Goal 7 Value)
2	google / gdn	5030	4300	6664	76.68%	1.45	33.54	4.95%	330	1650000.00
3	google / organic	3507	3298	3904	86.78%	1.45	50.53	1.90%	74	370000.00
4	(direct) / (none)	1164	948	1800	66.00%	2.26	107.87	3.83%	69	345000.00
5	facebook / fb_ad	1121	1065	1243	86.81%	1.27	15.50	2.09%	26	130000.00
6	naver / organic	454	403	597	54.61%	3.68	164.85	7.20%	43	215000.00
83	wiki.hancom.com:8443 / referral	1	1	1	100.00%	1.00	0.00	0.00%	0	0.00
84	wiki.simplexi.com / referral	1	1	1	100.00%	1.00	0.00	0.00%	0	0.00
85	wpbox.kr / referral	1	1	1	0.00%	5.00	185.00	0.00%	0	0.00
86	youtube / youtube_posting	1	1	1	100.00%	1.00	0.00	0.00%	0	0.00
87	데이터부트캠프 / (not set)	1	0	3	66.67%	2.00	12.67	0.00%	0	0.00
88		12763	11239	16189	77.57%	1.67	57.54	4.14%	671	3355000.00

| [도표 137] 구글 애널리틱스 보고서 데이터를 엑셀로 Export한 결과 화면

엑셀 파일로 Export된 데이터를 열어보면 보고서의 행 수가 86개로, Source/Medium 보고서의 모든 데이터가 정상적으로 Export되었음을 확인할 수 있다. 이와 같이 구글 애널리틱스에서 전체 데이터를 외부로 Export 하려면 화면 하단의 'Show rows'에서 화면에 뿌릴 행 수를 설정한 후 8번 메뉴 영역의 Export 기능을 활용해서 데이터를 추출할 수 있다.

Source/Medium 보고서를 기준으로 트래픽 분석을 해 보면, 방문자가 어떤 서비스의 어떤 매체를 통해 유입되었는지 분석할 수 있다. 그런데 이러한 방문자 중 우리 사이트에서 어떤 페이지로 최초 유입되었는지 알아내는 분석을 진행하려면 Secondary Dimension을 활용해야 한다. 'Landing Page'란 디멘전을 Secondary Dimension으로 지정하면 방문자가 어떤 서비스의 어떤 매체를 통해서 유입되었고, 최초의 인입 페이지가 어떻게 되는지를 알아낼 수 있다.

| [도표 138] 구글 애널리틱스 Secondary Dimension 활용

이런 식으로 데이터 분석가가 분석하려는 관점에 해당하는 디멘전이 무엇인지 충분히 이해한다면, Primary Dimension과 Secondary Dimension을 활용해서 분석 관점을 모델링한 후 데이터 분석을 진행할 수 있다.

다음으로 7번 영역을 자세히 살펴보도록 하겠다. [도표 139]에서 보이는 중앙의 화살표를 클릭하면 일별로 메시지(주석)을 입력할 수 있는 메뉴가 나온다.

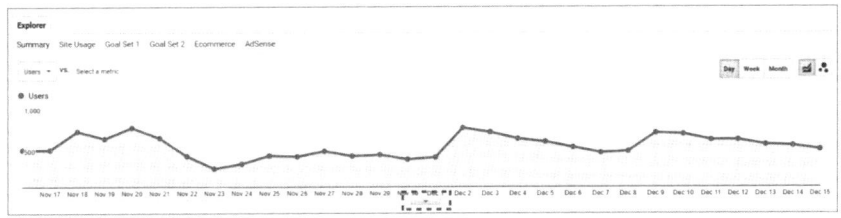

| [도표 139] 구글 애널리틱스 데이터 발생 날짜별 메시지(주석) 입력 기능

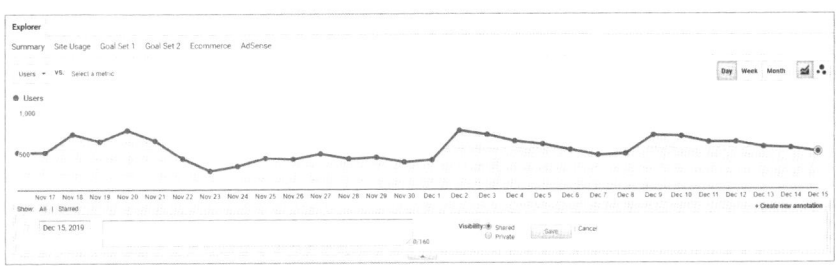

| [도표 140] 메시지(주석) 입력 화면

펼쳐진 화면 영역 우측의 'Create new annotation' 메뉴를 클릭해서 일별로 진행 중인 마케팅 캠페인 정보를 입력할 수 있다. 이렇게 주석을 꾸준히 남기는 노력을 기울이기만 해도 추후에 다양한 마케팅 캠페인과 데이터 트래픽에 대한 양적/질적 상관관계를 조금 더 쉽게 분석할 수 있다.

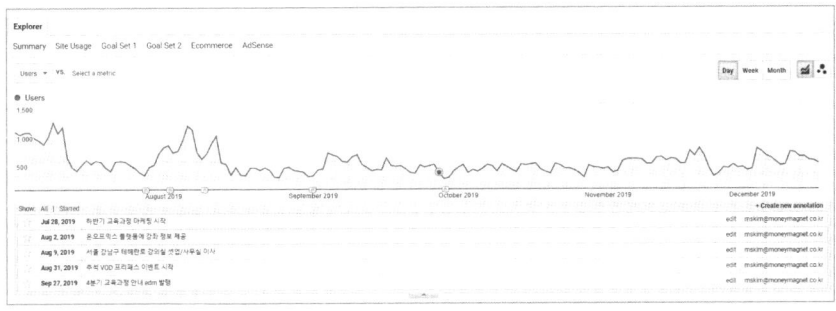

| [도표 141] 메시지(주석) 활용 방안

[도표 141]처럼 트래픽을 분석하다 보면 특정 일자별로 트래픽 변동 폭이 매우 큰 시기가 있을 수 있다. 그런 경우, 위에서 언급한 주석을 참고하면 원인 분석을 용이하게 진행할 수 있다. 해당 날짜에 트래픽이 늘어났을 때 그 트래픽과 같은 날에 시행한 마케팅 이벤트가 어떤 상관관계를 갖는지를 조금 더 쉽게 추정할 수 있기 때문이다.

즉, 주석을 활용하면 네이버 검색 광고를 시작한 다음에 트래픽이 얼마나 상승하고 전환율 증감폭이 어떠한지, 페이스북 광고 시작이 지표에 어느 정도 영향을 주었는지 등에 대한 다양한 분석을 조금 더 쉽게 진행할 수 있다.

8번 영역의 Edit은 구글이 제공하는 일반 보고서를 데이터 분석가가 원하는 형식으로 디멘전과 메트릭스를 수정해서 자신만의 새로운 보고서를 만들어 낼 수 있는 기능이며, 그 외 메뉴에 대해서는 앞에서 자세히 설명하였다.

| [도표 142] 구글 애널리틱스 Edit 버튼

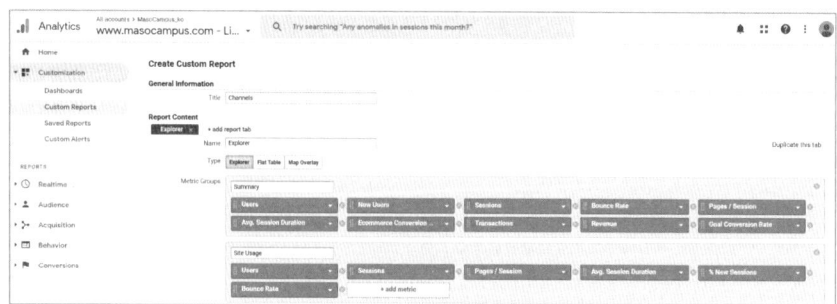

| [도표 143] 구글 애널리틱스 Edit 기능 - Custom Report 생성

9번 영역의 Insights 메뉴를 클릭하면 [도표 144]처럼 화면 우측으로 Analytics Intelligence 메뉴가 나타난다. 웹 사이트 데이터가 구글 애널리틱스에 쌓이는 과정 속에서 이전과 다른 사이트 속도, 몇몇 랜딩 페이지의 전환율, 특정 마케팅 캠페인의 성과 등 데이터를 통해 얻을 수 있는 인사이트를 구글이 알려주는 것이다. 또한 구글이 자체적으로 웹 사이트 데이터를 통해 추정한 매출과 실제 매출이 어떻게 다른지에 대한 정보 등을 볼 수 있다.

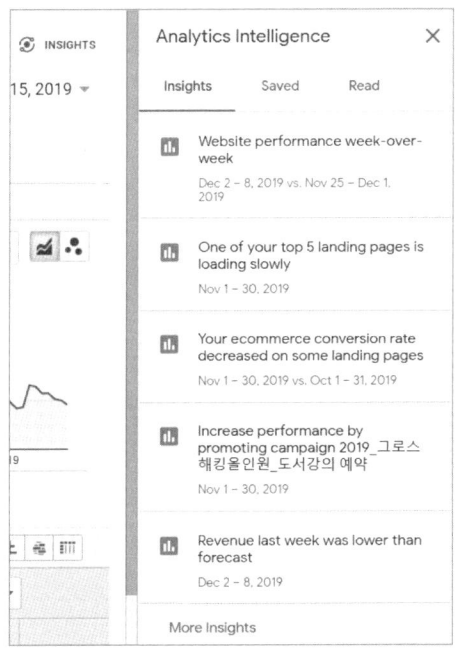

| [도표 144] 구글 애널리틱스 Insights 화면

이 메뉴는 단순히 유용한 Insights를 알림으로 알려주는 것뿐만 아니라 Insights 메뉴 하단의 Insights on Demand를 통해 웹 사이트 데이터를 분석해 인사이트를 얻는 로드맵을 follow-up question 형태로 제공하기도 한다. [도표 145]의 Number of Users는 2019년 12월 8일부터 14일까지

웹 사이트에 방문한 사용자 수를 알려준다. 수치 자체는 단순하지만 Ask a follow-up question에 나오는 질문을 보면 어떤 브라우저를 통해 우리 사이트에 제일 많이 접속을 했는지, 지난주와 이번 주의 사용자 수를 비교하면 어떠한지 등 데이터로부터 유의미한 인사이트를 찾을 수 있는 여러 지표를 볼 수 있다.

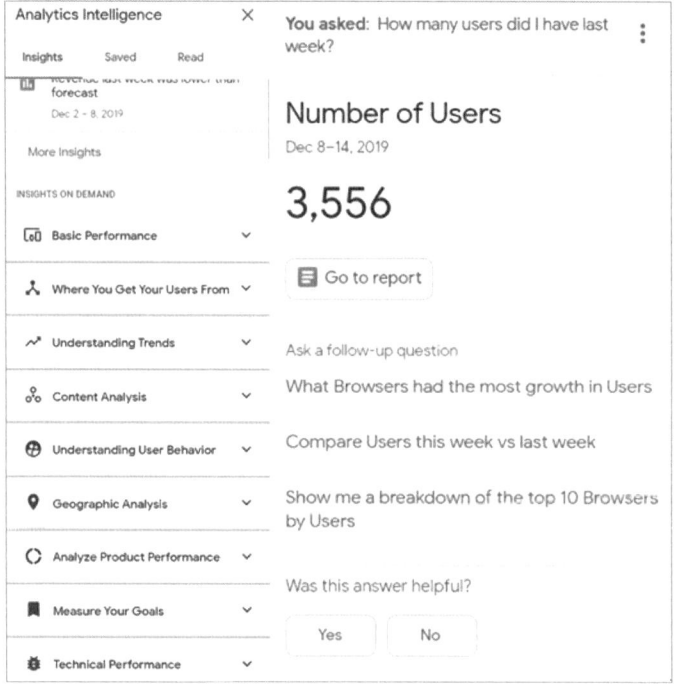

| [도표 145] Analytics Intelligence 세부 기능 화면

GOOGLE ANALYTICS

CHAPTER

09

디지털 채널 효과분석

CHAPTER 09
디지털 채널 효과분석

디지털 채널 효과분석 전략 이해하기

채널 효과분석 진행을 위한 서비스 소개

1. https://www.google.com/analytics
2. https://ga-dev-tools.appspot.com/campaign-url-builder/
3. https://bitly.com

[도표 146] 디지털 채널 효과분석 관련 서비스 URL 소개

디지털 마케팅 채널에 대한 효과분석 전략이란, 페이스북이나 블로그, 트위터와 같이 여러 디지털 마케팅 채널을 활용할 때 웹 사이트 운영 목표에 각 디지털 채널이 얼마나 부합하는지 알아보고자 할 때 적용할 수 있는 분석 전략이다. 이러한 채널별 효과분석 개념을 정립하기 위하여 이번 챕터에서는 3가지 서비스를 활용하도록 하겠다.

첫째, 구글 애널리틱스를 사용하여 분석 대상 웹 사이트의 운영 목표(Goal)를 설정하고 성과 분석 체계를 수립한다. 두 번째 도구는 구글 애널리틱스 URL Builder로, 분석에 필요한 디지털 채널과 매체 트래킹에 사용할 캠페인의 URL 생산을 담당한다. 마지막 도구는, 두 번째 도구로 생성한 캠페인 URL의 길이를 단축하여 배포 편의성을 높이는 단축 URL 서비스(https://bitly.com)이다.

◆ 마케팅 캠페인과 디지털 채널 효과분석 모델

▸ Marketing Activities

- 마케팅 이벤트 기획
- 트위터, 페이스북, 카카오스토리, 블로그 등에 이벤트 홍보 글 게재
- 효과를 높이기 위한 광고 집행

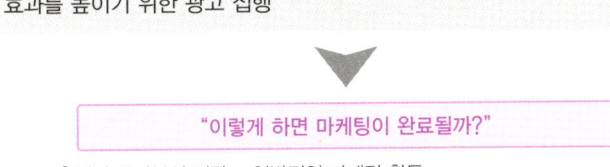

| [도표 147] 채널 효과분석 전략 – 일반적인 마케팅 활동

그렇다면 마케팅 이벤트를 기획하고 페이스북, 카카오 스토리, 블로그와 같이 다양한 디지털 채널에 마케팅 캠페인을 실행하거나 콘텐츠 마케팅을 진행한 다음, 필요에 따라 광고를 집행하는 것만으로 디지털 마케팅이 완료되는 것일까?

▸ 디지털 마케팅 입문 시 효율 측정 Funnel

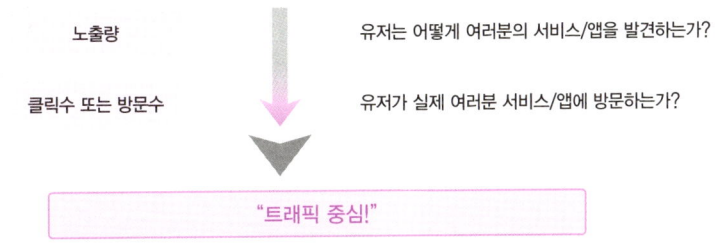

| [도표 148] 채널 효과분석 전략 – 채널 효율 측정 모델 1

디지털 마케팅을 처음 시작하는 경우에 제일 관심을 많이 갖는 것이 노출량, 클릭수, 방문 수와 같은 트래픽 지표이다. 그러나 이러한 트래픽 지표만으로는 분석 대상 웹 사이트나 모바일 앱에서 얻은 방문자가 어떤 채널을 통해 유입되었는지와 같은 가장 기초적인 정보만을 얻어낼 수 있다.

예를 들어, 네이버 블로그를 통해 2천 명의 방문자가 웹 사이트로 유입되었고, 페이스북을 통해서 1천 명의 방문자가 유입되었다면, 자료 그대로 네이버 블로그가 페이스북보다 두 배나 더 가치 있다고 이야기할 수 있을까? 반드시 그런 것은 아니다.

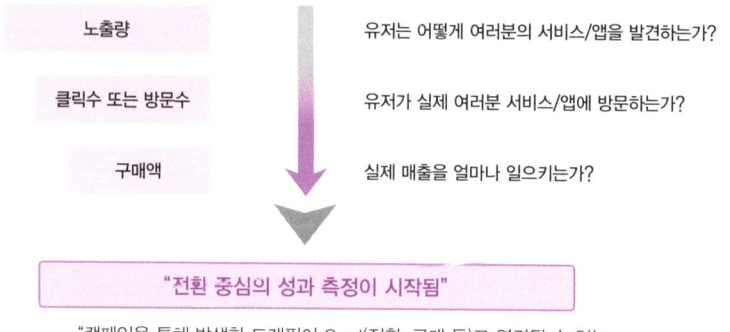

| [도표 149] 채널 효과분석 전략 – 채널 효율 측정 모델 2

디지털 채널의 기여도를 유의미하게 측정하려면 분석 대상 웹 사이트에 대한 운영 목표를 설정해서 성과 측정을 할 수 있는 준비를 마쳐야 한다. 단순한 노출량, 클릭 수, 방문 수는 트래픽 중심 지표에 불과할 뿐이다. 방문자를 유입시켜서 웹 사이트에서 구매완료를 하도록 유도하거나, 영업 사원이 연락 가능한 연락처를 제공하는 리드를 확보하는 것 등 웹 사이트 운영의

목표 달성 여부를 측정할 수 있어야 한다.

명확한 목표(Goal) 관점을 설정한 다음에 유입된 트래픽이 어떤 영향을 끼치는지를 분석해야만 의미 있는 질적 분석이 가능하다. 예를 들어, 네이버에서 2천 명의 방문자가 유입되었고 페이스북에서 1천 명의 방문자가 유입되었지만, 페이스북에서 유입된 1천 명의 전환율이 네이버에서 유입된 유저의 전환율에 비해서 2배가 높다면 디지털 채널의 효율성은 페이스북이 네이버보다 훨씬 좋다는 결론을 내릴 수 있다.

단순 트래픽만을 가지고 마케팅 효율성을 분석하는 것은 그 자체로도 쉽지 않으며, 전환 중심의 성과 측정을 할 수 없기 때문에 분석의 효용도 떨어진다. 즉, 디지털 캠페인을 통해 유입한 트래픽이 목표(Goal)로 전환되는 양질의 트래픽인지에 대해서 고민하고 분석하는 일이 중요하다는 의미이다.

↘ 디지털 마케팅 전문가의 효율 측정 Funnel

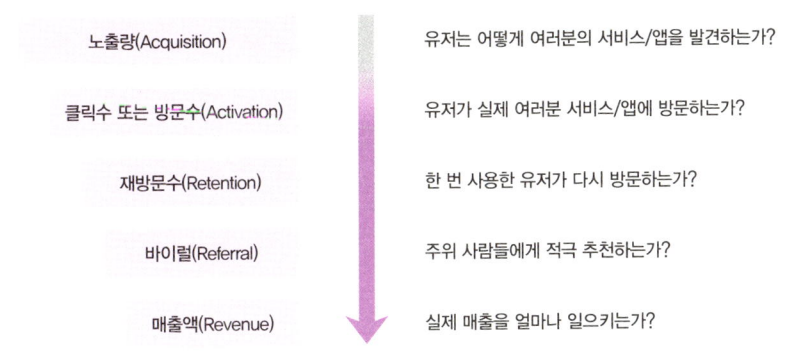

[도표 150] 채널 효과분석 전략 – 채널 효율 측정 모델 3

이제 기본적인 디지털 마케팅에 대한 트래픽 분석과 목표(Goal) 설정에 대한 개념은 정립되었을 것이다.

단지 트래픽 효율 분석에 그치지 않고 웹서비스나 모바일 앱이 유저가 필요로 하는 서비스를 제공하는지를 나타내는 본질 가치를 판단하려면 어떻게 해야 할까? 이를 판단하기 위해서는 Retention이란 지표를 설정하고 분석하는 방법을 사용할 수 있는데, 대표적인 Retention 지표로 한 번 유입된 방문자가 웹서비스나 모바일 앱을 다시 이용하기 위해서 재방문하는 비율을 활용한다.

만약 페이스북 광고로 방문자가 유입되었는데, 그 유저가 웹 사이트를 이용한 다음에 다시 사용해야 할 이유를 발견하지 못한다면 앞으로는 웹서비스를 이용하지 않을 것이다. 이런 웹 사이트라면 광고 예산을 많이 할당해서 많은 방문자를 유입한다고 해도 연속적인 사업을 진행하기 어려울 수 있다.

만약 똑같은 시나리오에서 유저가 사이트 이용에 만족한다면, 즐겨찾기를 해 두거나 URL 또는 사이트명을 기억해서 일정 시간이 지난 후에 다시 웹서비스에 방문할 수 있다. 이러한 고객을 Retention 유저라고 하며, 이 경우 광고 효과가 있다고 이야기할 수 있다. 이렇게 서비스가 본질 가치를 가지고 있을 때에만 방문자를 유입시키는 마케팅을 진행하는 일에 의미가 생긴다고 볼 수 있다.

서비스를 반복해서 사용하는 고객(Retention 유저) 중에서 서비스 이용에 만족해서 주변 지인들에게 서비스 사용을 추천하기 시작하면 Referral이 발생한다고 표현하고, Referral이 발생한 유저를 충성 유저로 분류할 수 있다. 이 유저들 중 일부가 최종적으로 지갑을 열고 구매를 하게 된다.

이러한 Funnel에서 가장 중요한 부분은 디지털 마케팅을 통해 유입된 고객이 지속적으로 서비스를 이용하도록 하는 분명한 본질 가치를 확보해야 한다는 점이며, 이러한 본질 가치에 대한 판단을 Retention이란 지표를 활용해서 분석할 수 있다.

◆ 디지털 채널 효과분석 전략

1. Targeting & Goal Setting

- 마케팅 캠페인 진행 목적은?
  1) 목적 달성을 위한 타겟 고객은?
  2) 목적 달성 여부를 나타내는 KPI는?
  3) KPI를 산출하기 위해 측정해야 하는 Metrics는?

2. Tracking & Measurement

- 측정해야 할 Metrics를 리스트업
- 캠페인 기획에 반드시 포함되어야 하는 사항: "캠페인에 대한 채널별 성과 추적과 측정!"

3. Test & Learn

- 테스트 > 학습 > 최적화: "끊임없는 순환 사이클"
- 테스트 > 결과를 가지고 캠페인 최적화 > 최적화를 통해 효율을 향상시킴

| [도표 151] 채널 효과분석 전략 – 디지털 마케팅 채널 전략

디지털 마케팅 채널의 효과 분석을 진행하려면 데이터 기반 마케팅 관점이

필요하며, 이 책에서는 '목표 설정 – 트래킹 – 실험 및 학습'이라는 3단계 방식의 디지털 채널 전략 프레임워크를 제시한다.

`1단계`

목표 설정 & 타깃팅: 마케팅 캠페인 진행 목적이 무엇이며, 목적 달성을 위해 유입시켜야 하는 고객이 누구이고, 목적 달성 여부를 나타내는 KPI는 어떤 것이 적합하며, 그러한 KPI를 산출하기 위해 측정되어야 하는 메트릭스가 무엇인지 설정해야 한다.

`2단계`

측정 & 트래킹: 목표 달성 여부를 판단할 수 있는 메트릭스 항목들과 디지털 채널별 효과 분석을 위한 태깅 전략을 도출해서 측정을 진행한다.

`3단계`

실험 & 학습: 마케팅 캠페인 결과를 분석해서 의미 있는 인사이트를 도출하고 새로운 가설을 수립한 후에 가설 검증을 위해 테스트를 다시 진행한다.

디지털 채널에 대한 효과분석을 진행하려면 디지털 캠페인을 실행할 때 캠페인 대상 디지털 채널에 대한 데이터 트래킹을 시작해야 한다.

디지털 캠페인 예산으로 3천만 원을 도출해서, 페이스북, 네이버 블로그, 버티컬 커뮤니티를 주요 채널로 마케팅 예산을 투입하기로 결정했다고 하

자. 각 채널에 1천만 원씩 사용한 경우, 캠페인이 끝난 후에 마케팅 비용 효율성을 어떻게 측정할 수 있을까?

이러한 상황에서 효과 측정을 하려면 측정 & 트래킹 단계가 반드시 필요하다. 이 단계를 마쳐야만 비로소 디지털 채널에 대한 효율성 측정을 할 수 있다.

그 후, 분석 결과 투입한 마케팅 비용이 효과가 있다면 해당 디지털 채널에서 마케팅 캠페인을 계속 진행하거나 금액을 늘릴 것이고, 효과가 없다면 예산을 과감히 삭감할 수 있을 것이다.

▶ 디지털 마케팅 채널 전략 도출시 고객의 가장 일반적인 질문

"우리 채널의 모든 문제를 해결해 줄 수 있는 최고의 웹 분석 솔루션이 있을까요?"

제안드리는 답변:
"새로운 분석 도구에 투자하기에 앞서
분석 포지션에 적절한 사람을 임명할 것을 추천합니다!"

| [도표 152] 채널 효과분석 전략 – Tracking & Measurement

모든 디지털 채널에 대한 효과분석 문제를 완벽하게 해결할 수 있는 최고의 분석 솔루션이 정말 존재할까? 구글 애널리틱스만으로 효과분석을 진행하는 것이 만족스럽지 못할 때, 모든 문제를 해결해 줄 다른 분석 솔루션이 있을까?

그런 완벽한 솔루션은 결코 존재하지 않는다. 특정한 분석 솔루션 자체보다는 데이터 분석을 잘 할 수 있는 적절한 사람을 임명해서 육성하고, 그 사람이 디지털 채널 분석에서 의미 있는 인사이트를 도출할 수 있도록 적절한 실행 권한을 부여하는 방식을 더 추천한다.

구글 애널리틱스 디지털 캠페인 트래킹

↘ GA의 외부 캠페인 Tracking

- GA는 링크가 있는 모든 유입 소스에 대해서 추적 가능함
- 배너광고, 콘텐츠 마케팅 채널, 이메일 마케팅, 검색광고, 배포문서 등 거의 모든 외부 캠페인 분석 가능
- 단, 분석을 위해서 소스, 매체, 캠페인, 키워드 값 등을 파라미터 형식으로 수집함

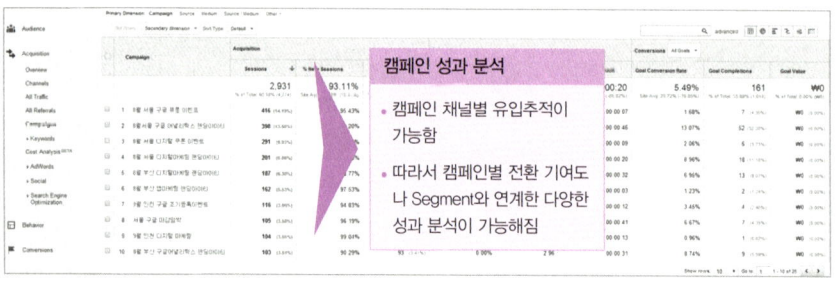

| [도표 153] 채널 효과분석 전략 – GA의 외부 캠페인 Tracking

외부 디지털 채널에서 진행하는 캠페인을 트래킹하는 방법을 알아보자. 구글 애널리틱스를 활용한 외부 캠페인 트래킹은 링크 삽입이 가능한 거의 모든 채널과 매체에서 가능하다. 배너광고, 콘텐츠 마케팅 채널, SNS, 이메일, 검색광고, PDF 문서나 브로셔 등에 대한 효과 측정도 물론 가능하다.

이러한 효과 측정을 진행하려면 캠페인을 진행하는 마케터는 채널 효과 분석을 위한 캠페인 태그를 생성해서 배포 URL에 적용해야 한다.

◆ 구글 애널리틱스 캠페인 태그 구조와 활용 사례 이해하기

GA의 캠페인 분석 진행 방안

- 외부로부터 유입되는 URL에 파라미터 형식의 캠페인 매개변수를 붙여서 캠페인을 식별함
- 구글 애널리틱스가 해당 마케팅 캠페인에 대해서 데이터를 추적하고 식별하기 위함임

https://itmagnet.co.kr/article-mobile-marketing-strategy4/?utm_source=SNS&utm_medium=Twitter&utm_campaign=ckad-001-2014-02

utm_source(필수)	utm_medium(필수)
• 마케팅 캠페인 매체 소스 식별에 사용 • 예) Naver, Google이나 뉴스레터 등	• 마케팅 캠페인 채널 구분에 사용 • 예) cpc, email, banner 등

utm_campaign(필수)	utm_content(선택)
• 진행중인 캠페인 식별에 사용 • 예) 여름 매출 증대 캠페인 등	• 동시 진행중인 광고 버전등의 구분 • 광고 테스팅 등에 활용

utm_term(선택)
• 진행중인 유료 키워드

[도표 154] 채널 효과분석 전략 – GA의 캠페인 분석 진행 방안

캠페인 태그란, 디지털 마케팅 캠페인 과정에서 마케팅 채널에 웹 사이트 유입을 목적으로 배포하는 URL에 구글 애널리틱스로 하여금 유입된 트래픽이 어떤 캠페인을 통해서 유입된 트래픽인지 식별하기 위해 부여된 고유 식별 정보라 할 수 있다. 이 캠페인 태그는 트래픽을 유입시키고자 하는 분석 대상 웹 사이트의 타깃 페이지(랜딩 페이지)의 URL 뒤에 미리 정의한 식별

인자를 추가하는 방식으로 구성된다.

디지털 마케팅 캠페인은 분석 대상 웹 사이트의 타깃 페이지(랜딩 페이지) URL을 페이스북, 네이버 블로그, 카카오 스토리와 같은 다양한 디지털 채널에 유포하는 방식으로 이루어진다. 그런데 잠재 고객이 페이스북과 같은 디지털 채널에서 배포된 URL을 클릭하여 분석 대상 웹 사이트에 유입되었을 때, 기본적으로 구글 애널리틱스는 모든 유입 소스와 유입 매체를 자동으로 식별해 내지는 못한다.

따라서 배포된 디지털 채널 중에서 어떤 채널의 어떤 매체를 통한 트래픽 유입이 가장 많았고 유입된 트래픽 중에서 실제 의미 있는 전환에 기여한 채널이 무엇인지를 분석하려면 [도표 158]처럼 구글 애널리틱스 캠페인 태그인 utm_source, utm_medium, utm_campaign과 같이 트래픽 분석을 위한 파라미터를 배포 대상 URL에 추가해 주어야 한다.

구글 애널리틱스 캠페인 태그의 종류 및 의미는 다음과 같다.

- utm_source: 필수 파라미터로, 마케팅 캠페인을 실행하는 디지털 채널 소스를 나타내며, naver, google, facebook 등으로 표현된다.

- utm_medium: 필수 파라미터로, 마케팅 캠페인을 실행하는 디지털 채널 소스의 매체를 구분하는 용도로 사용된다. 예를 들어, naver라는 디지털 채널 소스에 디지털 캠페인을 진행할 때 활용 가능한 매체는 배너광고에 해당하는 banner, 키워드 광고에 해당하는 cpc, 자연 검색에 해당하는 organic이나 이메일 매체를 나타내는 e-mail과 같은 형식으로 표현할 수 있다.

- utm_campaign: 필수 파라미터로, 진행 중인 디지털 캠페인(예: 여름

매출 중대 캠페인 등)을 구분하는 식별자로 활용한다.

- utm_content: 선택(Optional) 파라미터로, naver라는 디지털 채널 소스에서 배너광고(banner)라는 매체를 통해서 디지털 마케팅 캠페인을 진행할 때, 배너 이미지로 남성 모델을 활용하는 것이 더 효과적인지 여성 모델을 활용하는 것이 더 효과적인지와 같이 콘텐츠 내용이나 이미지 등에 대한 A/B 테스트를 진행하거나 효과분석을 위한 버전 구분 용도로 활용한다. 예를 들어, banner_img_man이나 banner_img_woman과 같이 A/B 테스트용 버전을 구분해서 광고 모델에 따른 디지털 채널에서의 유저 반응을 측정할 수 있다.

- utm_term: 선택(Optional) 파라미터로, naver나 google과 같은 디지털 채널 소스에서 키워드 광고(cpc) 매체를 활용하는 경우 방문자가 실제 클릭해서 유입되는 키워드별 효과 측정을 위해 사용된다. 예를 들어, 디지털 마케팅에 대한 키워드 광고를 진행한다면 다양한 디지털 마케팅에 관한 키워드 리스트(디지털 마케팅, 디지털 마케팅 교육, 데이터 분석 등)를 도출해서 키워드 광고를 진행할 때 실제 유저가 클릭하는 키워드가 무엇인지 알아내는 데 사용한다.

◆ 일반 URL을 랜딩 페이지로 활용해서 외부 캠페인 분석 진행하기

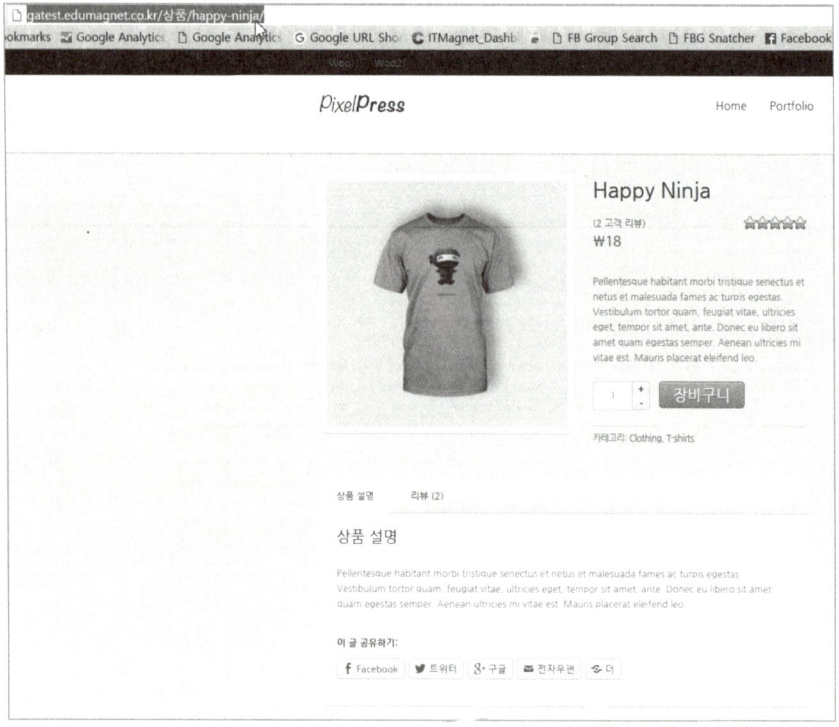

| [도표 155] 실습용 데모 웹 사이트 상품 상세 화면

한 패션 회사에서 여름 상품으로 반팔 티셔츠를 10,000장 제작해서 10,000원에 판매하고 있다. 그런데 8월 초가 되었을 때 3,000장이 재고로 남았다고 한다. 비용을 계산해보니 내년 6월까지 재고를 가지고 가면 창고 비용, 물류비용, 관리 인원 비용 등을 포함하여 장당 6,000원의 비용이 발생하리라 추정된다. 이런 경우 60% ~ 80%의 Discount를 해서라도 모든 재고를 8월 안에 판매하는 것이 더 이익일 것이다. 이러한 이유로 의류 사업 영역에서는 종종 Clearance Sale이라는 대규모 할인 행사를 진행한다.

반팔 티셔츠를 80% 할인하여 8월 안에 모든 재고를 판매하기로 결정을 내렸다. 이제 '여름 정기 할인 캠페인'을 디지털 채널을 활용한 디지털 마케팅으로 진행하려고 한다. 디지털 채널에 배포하는 배포 대상 웹 사이트 URL은 [도표 155]의 반팔 티셔츠 URL인 'https://gatest.edumagnet.co.kr/상품/happy-ninja/'가 되며, 배포 대상 URL이 표시되는 웹페이지를 랜딩 페이지라고 부른다. 랜딩 페이지란 이 페이지 URL을 페이스북이나 네이버 블로그와 같은 디지털 채널에 공유했을 때, 상품에 관심이 있는 잠재 고객이 배포 링크를 클릭해서 상품 페이지로 유입될 때에 최초로 실행되는 페이지(또는 도착하는 페이지)를 말한다.

이제 디지털 마케팅 캠페인을 진행해서 위 랜딩 페이지 URL을 페이스북, 네이버 블로그, 카카오 스토리에 배포했다. 그리고 일주일 정도 지난 다음에 캠페인별, 디지털 채널별, 디지털 채널의 매체별 성과 분석을 진행하려 하는데, 일반 URL만을 배포한 상황에서는 디지털 채널별 상세한 성과 분석을 할 수가 없다. 배포한 URL에 캠페인과 디지털 채널을 구분할 수 있는 꼬리표가 없기 때문에 유입된 소스와 매체별로 구분해서 성과 분석을 진행할 수 없는 것이다. 즉, 이러한 디지털 채널별 매체별 성과 분석을 하려면 배포 URL에 꼬리표를 붙여야 하고, 이 꼬리표가 바로 구글 애널리틱스 캠페인 태그이다.

◆ URL Builder 서비스를 활용해서 구글 캠페인 태그 생성하기

URL Builder의 활용

- https://ga-dev-tools.appspot.com/campaign-url-builder/
- 캠페인 Tracking을 위한 URL 파라미터를 자동으로 생성

Campaign URL Builder

This tool allows you to easily add campaign parameters to URLs so you can track Custom Campaigns in Google Analytics.

Enter the website URL and campaign information

Fill out the required fields (marked with *) in the form below, and once complete the full campaign URL will be generated for you. Note: the generated URL is automatically updated as you make changes.

- * Website URL — The full website URL (e.g. https://www.example.com)
- * Campaign Source — The referrer (e.g. google, newsletter)
- * Campaign Medium — Marketing medium (e.g. cpc, banner, email)
- * Campaign Name — Product, promo code, or slogan (e.g. spring_sale)
- Campaign Term — Identify the paid keywords
- Campaign Content — Use to differentiate ads

| [도표 156] 채널 효과분석 전략 – URL Builder 활용

구글에서는 외부 캠페인 분석을 진행하기 위한 캠페인 태그를 쉽게 생성할 수 있는 도구로 URL Builder라는 서비스를 제공한다.

이 서비스는 구글 애널리틱스가 캠페인별 유입 채널/매체 분석을 위하여 캠페인 태그를 적합한 URL 형식으로 자동 생성해 주는 도구로, 이렇게 생성된 캠페인 태그를 디지털 채널에 배포하면 유입 트래픽마다 어떤 캠페인

이나 어떤 매체를 통한 것인지를 구글 애널리틱스가 꼬리표를 통해 추적할 수 있게 된다.

이 서비스에 접속해서 분석 대상 캠페인 배포 URL 정보를 다음과 같이 입력한다.

- Website URL: 배포 대상 페이지 URL(랜딩 페이지 URL)

- Campaign Source: naver

- Campaign Medium: banner

- Campaign Name: summer_sale_campaign

- Campaign Term:

- Campaign Content: background_img_man

생성된 구글 캠페인 태그 URL:

https://gatest.edumagnet.co.kr/상품/happy-ninja/?utm_source=naver&utm_medium=banner&utm_campaign=summer_sale_campaign&utm_content=background_img_man

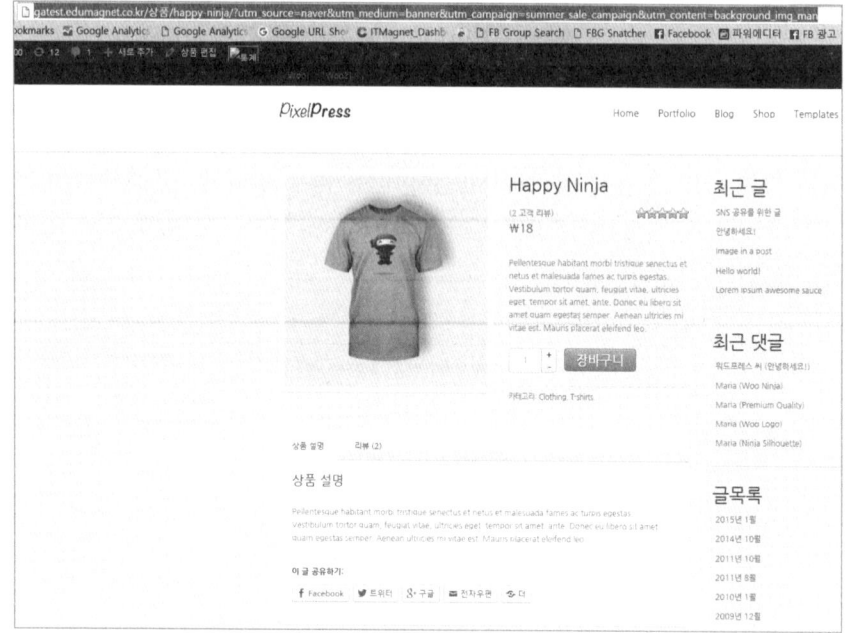

| [도표 157] 실습용 데모 웹 사이트 – URL Builder 활용

생성된 캠페인 태그 URL을 새로운 브라우저 창에서 실행하면 똑같은 랜딩 페이지가 실행된다. 방문자를 유입시키는 랜딩 페이지 자체는 동일하지만 URL을 보면 구글 애널리틱스가 채널별, 매체별 유입 경로를 분석하기 위한 파라미터 정보를 추가적으로 전달하고 있다. 이 꼬리표를 가지고 구글 애널리틱스가 이번에 들어온 트래픽이 어떠한 디지털 소스의 어떠한 매체를 통해 유입된 캠페인인지를 분석할 수 있게 되는 것이다.

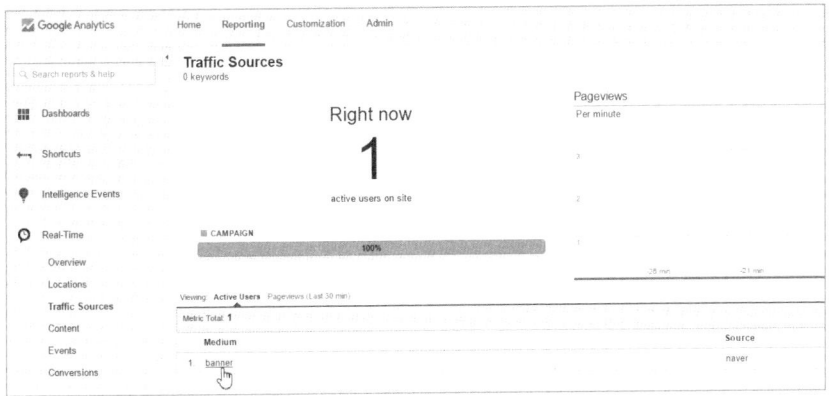

| [도표 158] 트래픽을 정확히 파악할 수 있는 캠페인 태그 적용 실시간 보고서 화면 1

실시간(Realtime) 보고서의 Traffic Source 보고서를 활용하면 생성된 캠페인 태그를 통해 유입되는 트래픽에서 구글이 디지털 채널 소스와 매체를 구분한다는 사실을 확인할 수 있다. [도표 158]의 캠페인 태그를 보면 디지털 채널 소스인 naver와 활용 매체인 banner를 통해 유입된 트래픽이라는 정보를 추출했음을 확인할 수 있다.

이번에는 배포 디지털 채널로 페이스북을 설정해 보겠다.

– URL: 배포 대상 페이지 URL(랜딩 페이지 URL)

– Campaign Source: facebook

– Campaign Medium: page

– Campaign Name: summer_sale_campaign

– Campaign Term:

– Campaign Content: content_typeA

생성된 구글 캠페인 태그 URL:

https://gatest.edumagnet.co.kr/상품/happy-ninja/?utm_source=facebook&utm_medium=page&utm_campaign=summer_sale_campaign&utm_content=content_typeA

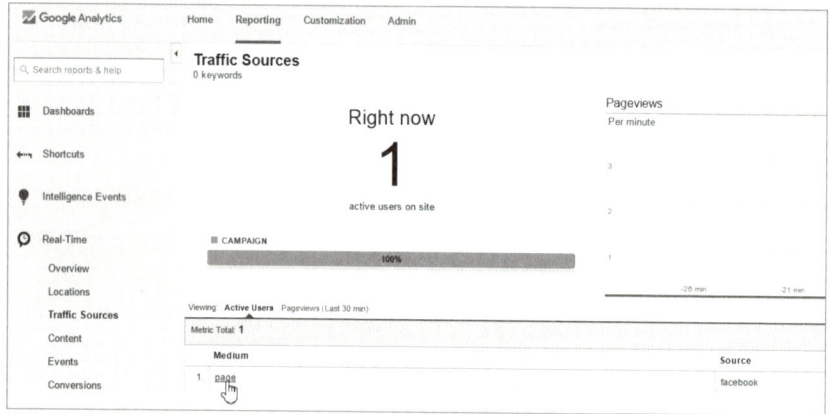

[도표 159] 트래픽을 정확히 파악할 수 있는 캠페인 태그 적용 실시간 보고서 화면 2

실시간(Realtime) 보고서의 Traffic Source 보고서를 활용하면 생성된 캠페인 태그를 통해 유입되는 트래픽에서 구글이 디지털 채널 소스와 매체를 구분한다는 사실을 확인할 수 있다. [도표 159]의 캠페인 태그를 통해 디지털 채널 소스인 facebook과 활용 매체인 page를 통해 유입된 트래픽이라는 정보를 추출했음을 알 수 있다.

◆ 단축 URL 서비스를 활용해서 배포 URL 줄이기

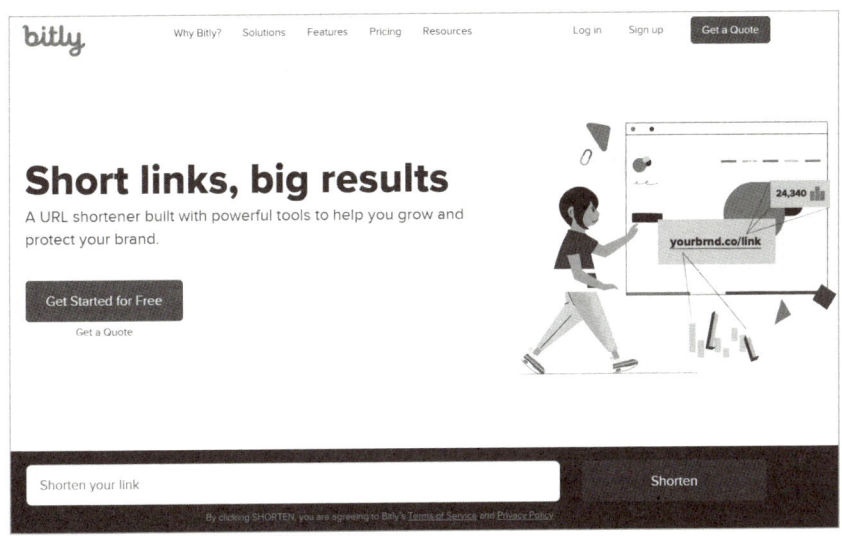

[도표 160] URL 단축 서비스 – bitly 화면

캠페인 태그가 사용된 배포 URL은 굉장히 길기 때문에 이 URL을 디지털 마케팅 채널에 그대로 배포하기는 어렵다. 따라서 URL을 짧게 줄이는 서비스를 이용해서 전체 URL을 짧은 URL로 만들고, 짧게 줄인 URL을 디지털 채널에 배포하는 것이 일반적이다.

이렇게 URL을 줄여주는 서비스는 매우 다양한데 여기서는 https://bitly.com이라는 단축 URL 서비스를 활용한다. (구글의 URL 단축 서비스는 2019년 3월에 종료되었다.)

활용 방법은 아주 간단하다. [도표 160]의 단축 URL 서비스에 접속한 후 전체 URL을 Shorten your link라는 URL 입력 창에 넣고, 'Shorten' 버튼을 클릭하면 단축 URL이 자동으로 생성된다.

생성된 단축 URL을 디지털 마케팅 채널에 배포하고, 잠재 고객이 단축 URL을 클릭하면 bitly 서비스가 그 단축 URL을 다시 전체 URL로 변환해서 실행하는 원리이다.

◆ **외부 캠페인 성과 분석 진행하기**

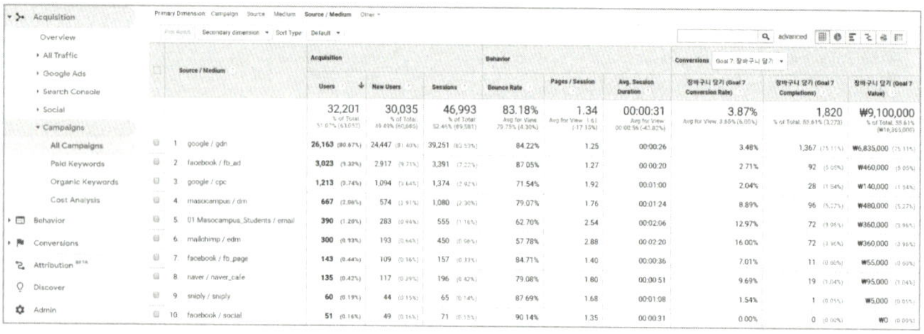

[도표 161] 획득 보고서 중 Campaigns – All Campaigns 보고서 화면

캠페인 태그를 활용해 외부 캠페인마다 꼬리표를 붙이면 획득(Acquistion) 보고서 하위의 All Campaigns 보고서를 통해서 캠페인별, 채널별, 매체별 효과 분석을 진행할 수 있다.

[도표 161]는 All Campaigns 보고서에서 Primary Dimension으로 Source/Medium을 선택한 데이터이다. 이 데이터를 분석해보면 구글 gdn 광고 캠페인과 웹 사이트 가입자에게 보낸 dm을 통해 유입된 트래픽의 잠재 구매 전환율이 가장 높은 것으로 분석할 수 있다.

즉, 이런 식으로 어떤 캠페인을 통해서 트래픽이 유입되었고, 그 트래픽이 분석 대상 웹 사이트의 사업 목표(Goal) 관점에서 어떤 의미를 갖는지에 대한 캠페인별 상세 분석을 진행할 수 있으며, 나아가 분석 결과에 따른 디지털 마케팅 캠페인 전략을 수립하고 예산을 수정할 수 있게 된다.

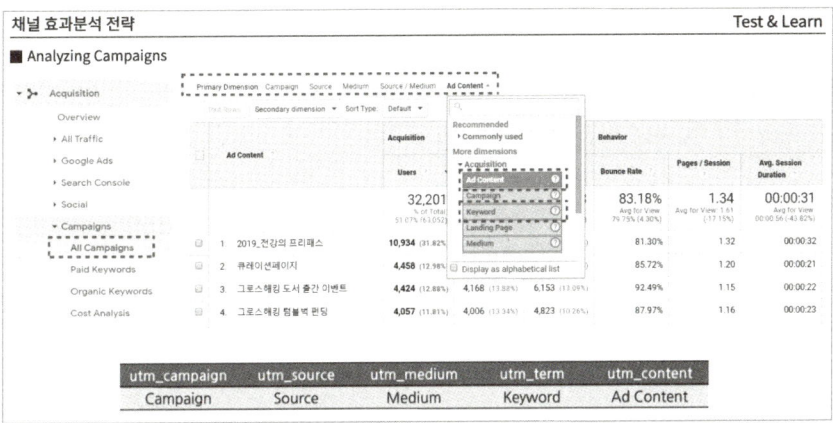

[도표 162] 채널 효과분석 전략 – 캠페인 태그별 분석

URL Builder 서비스에서 설정한 캠페인 태그별 상세 분석을 위한 관련 디멘전은 다음과 같다.

캠페인 태그	분석 디멘전
utm_campaign	Campaign
utm_source	Source
utm_medium	medium
utm_term	keyword
utm_content	Ad Content

디지털 채널 효과분석 실전 사례

◆ A/B 테스트 케이스

A/B Test

- 쉽게 진행 가능한 Test 방법
- Split Test, Multi Variate Test라고도 지칭

- 동일한 디지털 채널에 대해서 노출량을 분배해서 두 가지 배너를 운영하는 형식
- '바로 주문하러 가기'라는 Call to Action이 하나 추가되어 클릭율 20% 이상 달성
- 이런 효과를 학습하고 나면 이후 모든 배너 캠페인에 'Call to Action'을 추가!

| [도표 163] 채널 효과 실전 사례 분석 – A/B Test

보편적인 효과 측정 방법론인 A/B 테스트를 진행하는 케이스를 살펴보자.

[도표 163]과 같이 '혁신적인 스마트 워치를 체험해 보실 수 있습니다. 특별 할인 예약 판매!'라는 내용의 배너를 만들어 보자. 이번에는 내용 구성에서 '바로 주문하러 가기'라는 Call to Action 버튼이 포함된 배너를 만들고 잠재 고객 유입 트래픽을 동일하게 각각 50%로 분배해서 테스트를 진행하면 CTA 버튼이 어떤 역할을 하는지 실험해볼 수 있다.

어떤 서비스이든 기획하거나 개발하는 단계에서 유저가 어떤 반응을 보일지 확신하는 것은 상당히 위험하다. 제일 좋은 방법은 지금처럼 A와 B 서비스 형태를 만들어서 유저에게 실험적으로 직접 노출하는 것이다.

분석 결과로 '바로 주문하러 가기'라는 Call to Action이 추가되면 20% 이상의 높은 클릭률이 발생한다는 사실을 알게 되었다면, 이후 모든 배너에는 Call to Action 버튼을 포함할 것을 권고하는 가이드를 만들어 배포해야 한다.

이런 식으로, 목표로 하는 실험에 대해서 실제 유저 트래픽을 유입시켜 어떠한 구성이 더 효과적인지 판별해 내는 방식을 A/B 테스트라고 한다.

◆ 분석을 위한 기초 데이터에서 실행 인사이트 도출 케이스

╲ 분석 Case I

- **분석을 위한 기초 데이터**
  - 노출: 1,000건, 클릭: 80건(8%), 순방문자: 30명(37.5%), 구매자: 10명(37%)

- **분석 수치 결과**
  - 발생한 클릭 수와 순방문자 차이가 매우 큼
  - 동일한 사람들이 중복 클릭함
  - 한 번 방문을 한 사람이 구매까지 연결되는 구매 전환율이 매우 높음

- **추론 가능 내용**
  - 구매 전환율이 높은 것을 보니 해당 디지털 채널 사용자와 상품과의 연관성이 높을 것이라 판단됨
  - 제한된 소비자들에게 반복적으로 광고 노출이 되고 있을 가능성이 높음
  - 한 번 클릭한 사람이 여러 번 중복적으로 배너를 클릭한다면 해당 사이트 재방문도 배너 클릭을 통해 이루어질 가능성이 높음

[도표 164] 채널 효과 실전 사례 분석 Case Ⅰ-1

[도표 164]의 케이스에서는 분석을 위한 기초 데이터로 특정한 디지털 마케팅 캠페인을 실행한 결과 노출 1,000건, 클릭 80건, 순방문자 30명, 구매자 10명인 결과를 도출해냈다.

얻은 수치 데이터를 분석해 보니, 발생하는 클릭수와 순 방문자 차이가 매우 큰 것으로 보인다. 이를 통해 동일한 사람이 중복 클릭을 한 경우가 많고, 한 번 방문한 사람이 구매까지 연결되는 구매 전환율도 매우 높다고 분석할 수 있다.

이제 이런 데이터를 활용해서 추론을 해 보면, 높은 구매 전환율로 미루어 보아 해당 디지털 채널 사용자와 상품과의 연관성이 높을 것으로 보이며, 제한된 소비자들에게 반복해서 광고가 노출되고 있을 가능성이 높고, 한번 클릭한 사람이 그 뒤에도 여러 번 배너를 클릭한다면 해당 웹 사이트에 대한 재방문 역시 배너 클릭을 통해 이루어질 가능성이 높을 것으로 보인다고 결론 내릴 수 있다.

↘ 분석 Case I (계속)

- 분석을 위한 기초 데이터
  - 노출: 1,000건, 클릭: 80건(8%), 순방문자: 30명(37.5%), 구매자: 10명(37%)

- 도출 가능한 실행 옵션
  - 해당 디지털 채널 내에서 보다 넓은 범위의 소비자들에게 노출될 수 있도록 Target Audience를 확장하거나 비슷한 성향을 가진 소비자들을 보유하고 있는 더 큰 디지털 채널을 선택하는 방식으로 확장을 시도함
  - 해당 구매자들의 재방문시 Referral과 재구매율을 측정. 만약 위 추론에서 도출한 가설이 맞다면, 직접적인 재방문과 재구매를 도울 수 있는 장치 마련을 진행함(예, 즐겨찾기 기능 추가 등)

| [도표 165] 채널 효과 실전 사례 분석 Case I-2

이런 추론을 기반으로 성과를 창출하기 위해서 도출 가능한 실행 계획에는 같은 디지털 채널에서 더 많은 소비자에게 노출되도록 목표 고객 범위를 확장하거나, 비슷한 성향을 가진 소비자를 보유하는 더 큰 디지털 채널을 선택하여 타깃 고객 확장을 시도하는 방법이 있다.

예를 들어 페이스북 광고를 진행한다면 노출량을 늘리고, 버티컬 커뮤니티에 광고를 노출하고 있다면 지금 광고가 특정 사람들에게만 노출되는지, 그리고 버티컬 커뮤니티가 보유하고 있는 유저 숫자가 충분히 많은지 검증해 보아야 한다.

다음으로 구매자들이 웹 사이트를 재방문할 때의 유입 링크 소스(Referral)와 재구매율을 측정해서, 만약 위 추론에서 도출한 가설이 맞을 경우 직접적인 재방문과 재구매를 도울 수 있는 장치를 마련해야 한다. 예를 들어, 11번가 사이트는 '즐겨찾기'라는 기능을 제공해서, 네이버 검색이 아닌 즐겨찾기를 통해 사이트에 방문하는 고객에게 더 높은 적립율을 부여하는 방식을 도입해 직접 방문을 유도한다.

◆ 캠페인 사용 배너 이미지 효과분석 케이스

\ 분석 Case Ⅱ

• 캠페인 사용 배너 이미지

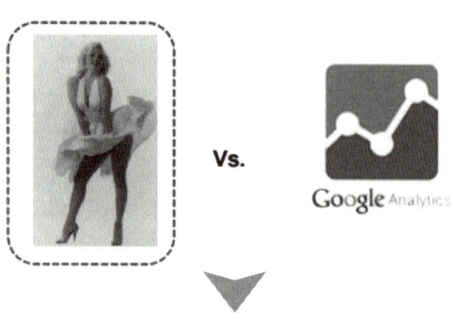

• 분석을 위한 기초 데이터
  • 노출: 1,000건, 클릭: 200건(20%), 순방문자: 190명(95%), 구매자: 5명(13%)

| [도표 166] 채널 효과 실전 사례 분석 Case Ⅱ-1

[도표 166]을 보자. 페이스북 광고를 진행할 때 좌측 이미지 광고를 A라고 하고 우측 이미지 광고를 B라고 한다면, A와 B 중에 누가 클릭률이 더 높을까?

단순히 생각하면 A 이미지처럼 자극적인 광고 이미지를 사용할 때 평균보다 훨씬 높은 클릭률을 기대할 수 있다.

[도표 166]의 케이스에서 A 소재 이미지를 이용한 광고의 경우 노출 1,000건에 클릭률이 200건, 순방문자 190명, 구매자 5명이란 결과가 나왔다고 한다면, 클릭을 통해 많은 사람들이 유입되었지만 유입된 방문자들은 우리 서비스가 목표로 하는 목표 고객이 아닐 가능성이 크다고 추론할 수 있다. 왜냐하면 방문자의 구매 전환율이 현저하게 낮기 때문이다.

❯ 분석 Case Ⅱ (계속)

- 분석을 위한 기초 데이터
  - 노출: 1,000건, 클릭: 200건(20%), 순방문자: 190명(95%), 구매자: 5명(13%)

- 분석 수치 결과
  - 발생한 클릭 수와 순방문자가 타 캠페인 대비 월등하게 높음
  - 그렇지만 방문한 사람의 Goal 전환율은 타 캠페인 대비 매우 낮은 수준임

- 추론 가능한 내용
  - 캠페인의 최종 목적이 '클릭수'나 '조회수'가 아니라면 사용하는 광고(또는 콘텐츠)가 유입시킬 트래픽의 질을 고려해야 함
  - 단, 반드시 "낚시성" 배너를 활용하고자 한다면, 활용하고자 하는 디지털 채널의 과금 형태(CPC,CPM 등)를 유의해서 선택해야 함

| [도표 167] 채널 효과 실전 사례 분석 Case Ⅱ-2

이 캠페인과 같은 수치 결과를 살펴보면, 발생한 클릭수와 순방문자가 다른 캠페인보다 월등하게 높지만 방문한 사람의 목표 전환율은 타 캠페인 대비 매우 낮은 수준이다.

이런 경우 캠페인의 최종 목적이 클릭수나 조회수가 아닌 구매완료나 리드 확보와 같은 분명한 목적이 있는 경우라면 A는 적합한 이미지가 아니다. 즉, 전형적인 트래픽을 목적으로 한 낚시 콘텐츠인 것이다.

그런데 경우에 따라서 낚시성 배너를 운영해야 할 때도 있을 수 있다. 그럴 때는 디지털 채널의 과금 형태(CPC, CPM)를 유의해서 선택해야 한다. 자극적인 이미지를 사용해서 클릭률이 명확하게 상승할 것이라고 예측한다면, 광고 과금 방식을 클릭당 과금 형태인 CPC보다 노출당 과금 형태인

CPM이 더 효과적일 수 있다. 왜냐하면 노출 수 대비 더 많은 사람들이 클릭할 경우 CPM 방식이 더 경제적이기 때문이다.

Visit	Conversion	지표의 해석	분석 인사이트 전략
증가	증가	고객 방문에 따른 제품 판매가 이루어지고 있음	해당 고객 유입 채널의 고객 모수를 늘리거나 유사 채널로 캠페인을 확장할 필요가 있음
증가	감소	구매를 자극할 수 있는 소구 포인트가 약함	판매 문구나 가격 할인 등을 테스트 해당 채널로 유입되는 고객층이 목표 고객이 맞는지 검증
감소	증가	디지털 마케팅 채널에서 충분한 고객 모수가 부족함	마케팅 채널의 DAU, MAU와 같은 수치 분석을 통해 추가적인 고객 유입이 가능할지 검증 해당 채널로 획득한 고객과 유사한 다른 디지털 채널로 캠페인 확대
감소	감소	마케팅 채널과 사이트의 적합성이 맞지 않음	해당 마케팅 채널의 캠페인 예산 축소 다른 마케팅 채널 발굴 시도

| [도표 168] 채널 효과 실전 사례 분석 – 디지털 채널 효과 분석 및 대응 전략

전환 중심의 디지털 채널 효과 분석 및 대응 전략을 도출해보면 다음과 같은 네 가지 유형으로 정리된다.

1. 방문 증가/전환 증가 유형

방문도 늘고 전환도 늘어난다는 것은 매우 바람직한 현상이다. 고객 방문에 따라 제품 판매가 함께 이루어지고 있으므로, 해당 고객 유입 채널의 고객 모수를 늘리거나 유사 채널로 캠페인을 확장할 필요가 있다.

2. 방문 증가/전환 감소 유형

이런 경우에는 두 가지를 추가로 분석해야 한다.

먼저, 랜딩 페이지의 효율성과 관련하여 혹시 구매를 자극하는 소구 포인트가 약하지는 않는지 확인할 필요가 있다. 판매 문구를 변경하거나 가격 할인 등을 테스트해보아야 한다.

만일 랜딩 페이지에 특별한 문제가 없다고 판단된다면 해당 채널을 통해 유입되는 고객이 목표 고객 유형이 맞는지 검증해보아야 한다.

3. 방문 감소/전환 증가 유형

캠페인을 진행하는 디지털 마케팅 채널에서 충분한 고객 모수가 부족하다고 분석된다. 마케팅 채널의 DAU(일간 방문자)나 MAU(월간 방문자)와 같은 수치 분석을 통해 추가적인 고객 유입이 가능한 마케팅 채널인지 분석해보고, 만약 추가적인 고객 확보가 가능하다면 마케팅 예산을 늘리는 것이 좋다. 만약 추가 고객 확보가 어렵다면 유사한 디지털 채널로 마케팅 캠페인을 확대하는 것도 추천한다.

즉, 해당 채널 사용 고객과 우리 제품/서비스의 목표 고객이 유사하지만, 디지털 마케팅 채널의 고객 모수가 부족하다는 문제가 있다는 뜻이다.

4. 방문 감소/전환 감수 유형

디지털 마케팅 채널과 제품/서비스의 목표 고객 적합성이 맞지 않는 것으로 분석된다. 따라서, 해당 마케팅 채널을 통한 캠페인은 축소하거나 삭제하고 다른 마케팅 채널을 추가로 발굴하려는 노력이 필요하다.

GOOGLE
ANALYTICS

CHAPTER

10

GA4 소개

GA4 소개

구글 애널리틱스 발전 과정과 GA4의 등장

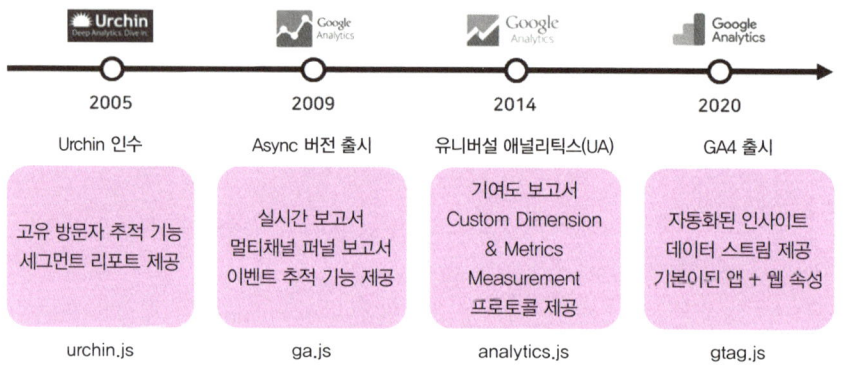

| [도표 170] 구글 애널리틱스 발전 과정

GA4 이전 GA 분석 환경인 유니버설 애널리틱스(UA) 환경에서는 데이터 분석을 위해 일반적으로 웹 속성을 많이 사용했고, 이 책 역시 웹 속성 중심으로 설명했다. 그런데 UA 환경에서는 웹 속성 이외에도, 사람들이 많이 사용하지 않았지만 '웹+앱 속성'도 따로 제공했다. 이는 말 그대로 웹과 앱의 데이터를 하나의 보고서에서 볼 수 있도록 도와주는 속성인데, 기존에 있었지만 잘 사용하지 않았던 웹+앱 속성을 업데이트한 버전이 바로 구글 애널리틱스 4(GA4)라고 할 수 있다.

GA4 핵심 개념 이해하기

◆ 신규 계정 추가 시 GA4 추적 방식을 기본으로 제공

구글 애널리틱스에서 웹사이트/모바일앱 분석을 하려고 새로운 계정을 추가하면, 기본 추적 방식으로 GA4 방식이 설정된다. 이전 추적 방식인 UA 방식을 적용하려면 'Advanced Option'을 통해 UA 방식을 변경해야 UA 방식의 추적 코드를 설정할 수 있으며, 변경하는 방법은 도서의 앞 부분에서 설명했다.

새로운 GA4의 가장 큰 특징은 이제 GA를 활용한 데이터 분석이 더 이상 "웹"만을 위한 것이 아니라, "앱+웹 속성"을 기본으로 추적한다는 것이다. 이러한 GA4 방식과 UA 방식의 차이점을 이해하려면 데이터 스트림이 무엇인지를 먼저 알아야 한다.

◆ 데이터 스트림

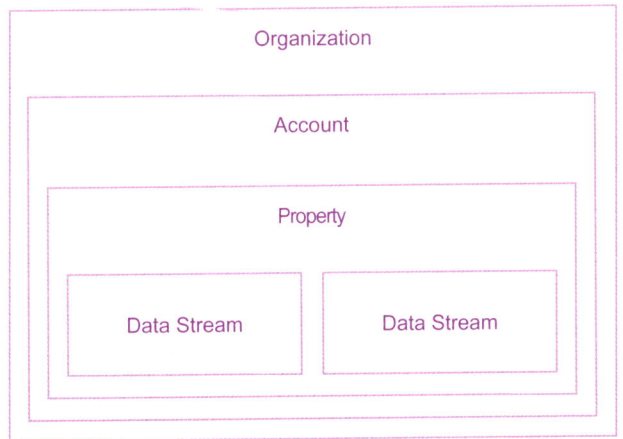

| [도표 171] GA4 아키텍처

GA4는 더 이상 웹사이트만을 분석하는 도구가 아니며, 하나의 Property 안에서 모바일 앱과 웹사이트를 함께 분석할 수 있도록 지원한다. 이뿐만 아니라 하나의 Property에서 2개 이상의 웹사이트를 분석하는 것도 가능하다.

데이터 분석 기능의 구조가 이렇다 보니 하나의 Property 안에 2개 이상의 "연결"이 필요해졌다.

예를 들어 masocampusApp이라는 안드로이드 앱과 masocampus.com을 사용하는 어떤 서비스가 있다면, 이 둘 사이의 데이터 연결을 유지시켜줄 연결 고리가 필요하다. 이를 '데이터 스트림'이라고 한다. 다시 말해, 서로 다른 유형의 데이터 소스(모바일 앱과 웹 사이트)의 데이터를 통합하고 연결하는 하나의 단위를 GA4에서는 '데이터 스트림'이라 지칭한다.

따라서, GA4에서는 [Admin] - [Property] - [Data Streams] 페이지에서 분석하려는 대상(IOS 앱, 안드로이드 앱, 웹사이트)을 데이터 스트림으로 추가해서 분석할 수 있다.

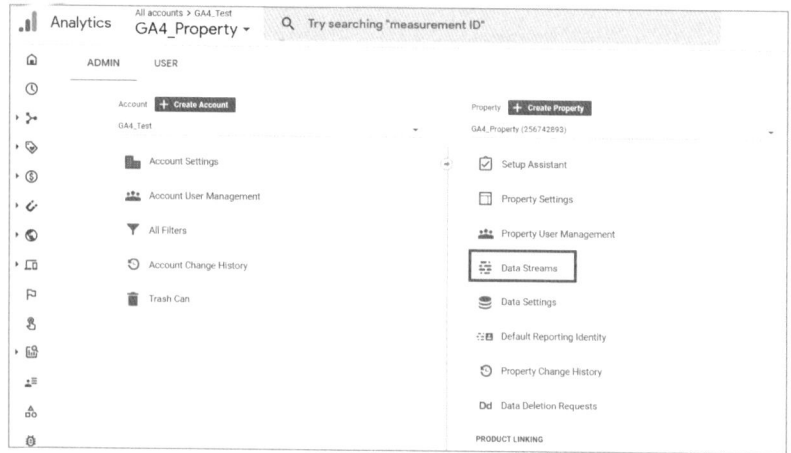

| [도표 172] GA4 Data Streams

◆ Setup Assistant

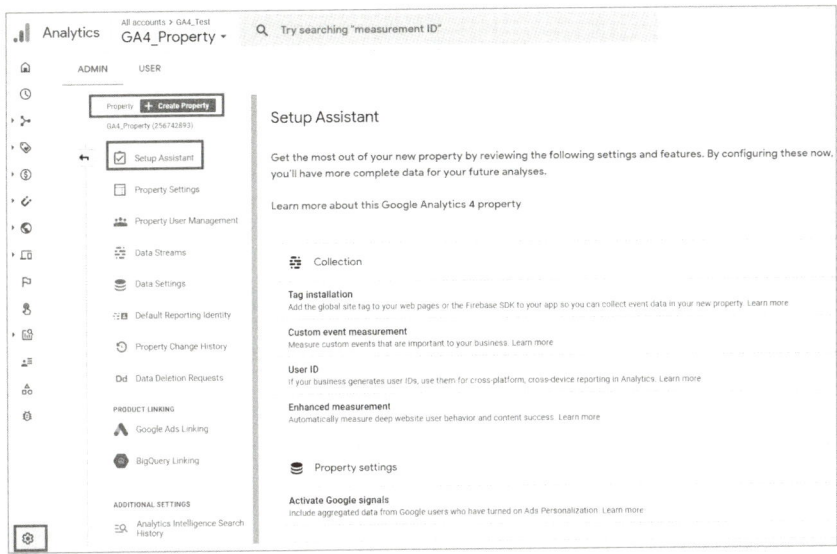

[도표 173] GA4 Setup Assistant

GA4에서 제공하는 'Setup Assistant'를 활용하면 유저가 발생시키는 다양한 이벤트를 버튼 하나로 모두 트래킹할 수 있다. 이전 구글 애널리틱스 추적 방식인 UA에서는 Page View와 같이 GA가 기본으로 제공하는 이벤트 데이터가 아닌 다른 모든 사용자 발생 이벤트는 직접 Event Tag를 서비스에 일일이 추가하거나, Google Tag Manager를 활용할 수 있어야만 추적이 가능했다. 예를 들어, 사용자가 고객 응답 페이지에서 '전화하기'와 '이메일 응답' 버튼 중 어떤 버튼을 더 많이 클릭하는지나 특정 페이지에서 사용자가 어느 정도의 콘텐츠 길이까지 스크롤을 내리는지 등을 추적하려면 직접 태그를 삽입하는 방식으로 불편하게 추적해야 했다.

GA4에서는 [Admin] - [Property] - [Setup Assistant] 메뉴를 통해

향상된 측정 기능을 활용하면 이벤트 측정(페이지 조회, 스크롤, 이탈 클릭, 사이트 검색, 동영상에 호응, 파일 다운로드 등)이 추가 코드 삽입 없이 자동으로 측정된다. 그러나, 고급 측정 기능에 해당하는 전자상거래 추적 기능은 매우 디테일한 데이터 설정이 필요하기 때문에 여전히 직접 태깅 작업을 수행해야 한다.

그리고, [Setup Assistant] 기능을 활용하면 구글 애즈(Google Ads)와의 연동과 고급 데이터 분석 기능을 제공하는 구글 Big Query외의 연동 또한 가능하다.

◆ 머신러닝을 활용한 데이터 최적화

이전 버전에서 일일이 해야 했던 이벤트 태깅 작업을 GA4에서 자동화한 것처럼, 데이터 분석에 있어서도 머신러닝 기능이 상당 부분 적용되었다. 예를 들어, UA 환경에서 제공하던 '사용자 이탈율'이라는 수치를 GA4에서는 사용자 '이탈 확률'이라는 데이터로 제공한다.

구체적으로, 사용자의 요구와 특성, 잠재적 수익 같은 지표를 머신러닝으로 분석해서 어떤 고객이 다른 고객보다 얼마나 더 구매 가능성이 높을지, 현재 이용 중인 고객의 이탈 확률은 어느 정도인지 등을 예측해서 제공한다.

GA4의 서비스 적용 여부에 대한 제언

◆ 분석 대상이 웹서비스 단독인 경우

구글 애널리틱스로 분석하고자 하는 서비스 대상이 웹사이트 단독인 경우라면 앞 챕터에서 제시한 것과 같이 UA 방식으로 데이터를 확보하고 분석할 것을 추천한다.

GA4는 '웹사이트 + 모바일앱' 데이터를 파악해서 분석하는 용도이기 때문에 웹사이트 중심으로 매우 큰 발전을 만들어낸 UA 방식의 보고서보다는 보고서의 유형이나 보고서 해석 방법 등이 부족하다고 느낄 수 있기 때문이다.

◆ GA4의 데이터 스트림을 활용해서 서비스 분석을 시작하려는 경우

GA4를 제대로 활용하여 서비스를 분석하는 일은 난이도가 매우 높은 일인데, 이는 GA4의 전반적인 주요 기능들을 기본 개발 지식을 알지 못하고는 사용하기가 쉽지 않기 때문이다. 따라서 개발 지식이 부족한 마케터나 기획자에게는 진입장벽이 기존 UA 방식에 비해서 훨씬 높아졌다고 할 수 있으며, GA4를 제대로 활용하려면 결국 구글 태그 매니저를 다룰 수 있어야 한다.

그나마 다행이라고 할 수 있는 점은 웹 버전을 기준으로 할 때 보고서 활용도 등은 여전히 UA 방식이 더 효율적이라는 것이다. 하지만 이 부분 역시 GA4가 지속적으로 업데이트되면서 격차가 점차 줄어들 것이며, 앞으로 2~3년 내로는 GA4가 UA 방식을 뛰어넘을 것으로 보인다.

또한 현재 GA4 자체에서 제공하는 맞춤 보고서 기능은 아직 부족한 편이지만, 구글 Big Query와 연동해서 맞춤 보고서를 생성한다면 그 활용도는 현재의 UA 수준을 현저하게 뛰어넘을 수 있다.

마소캠퍼스에서는 GA4 방식을 활용한 서비스 분석 방법을 별도의 VOD 강좌와 도서로 제공할 예정이다.

참고자료

데이터 분석/디지털 마케팅 관련 도서

- 김진, 『구글 애널리틱스를 활용한 데이터분석 입문』(마소캠퍼스, 2016년)
- 김진, 최정아 『디지털 마케팅 개론』(마소캠퍼스, 2018년)
- 김진, 최정아 『마켓4.0 그로스해킹』(마소캠퍼스, 2019년)
- 김진, 최정아 『데이터 사이언스 입문: 예시, 전망, 실무, 프로그램, 머신러닝』 (마소캠퍼스, 2020년)
- Joel J. Davis, 『Google Analytics Demystified: A Hands-On Approach』 (2015년)
- Daniel Waisberg, 『Google Analytics Integrations』(Wiley, 2015년)

웹 분석 관련 웹 사이트 & 블로그

- https://www.google.com/analytics
- https://analytics.blogspot.kr/
- https://www.optimizesmart.com
- https://academy.hubspot.com/
- https://analyticsacademy.withgoogle.com/

비전공자도 배워서 바로 쓰는 디지털 분석 구글 애널리틱스 입문
디지털 마케팅과 웹 기획 성공 가이드

초판 발행   2021년 5월 27일
지은이/펴낸이   김진/최정아/김민수
표지 디자인   이윤선/노지혜
본문 디자인   노지혜
교정/교열/윤문   신유진
펴낸 곳   마소캠퍼스
주소   서울시 강남구 테헤란로 242 9층
전자우편   book@masocampus.com
ISBN   979-11-967525-6-9 13320

이 책 내용의 일부 또는 전부를 재사용하려면 반드시 마소캠퍼스의 동의를 얻어야 합니다.
이 책은 저작권법에 의하여 보호를 받는 저작물이므로 무단전재와 무단복제를 금합니다.